LES PEULHS

ÉTUDE D'ETHNOLOGIE AFRICAINE

PAR

J. DE CROZALS

Docteur ès-lettres

Maître de conférences à la Faculté des lettres de Grenoble

PARIS

MAISONNEUVE ET Cie, ÉDITEURS

25, QUAI VOLTAIRE, 25.

1883

Grenoble, imp. F. ALLIER PÈRE ET FILS, Grande-Rue, 8.

AU GÉNÉRAL FAIDHERBE

Grand chancelier de la Légion d'honneur

Respectueux hommage

J. C.

LES PEULHS

ÉTUDE D'ETHNOLOGIE AFRICAINE

INTRODUCTION

L'ethnographie de l'Afrique en est encore à la période des tâtonnements et des essais. Sur ce continent dont l'exploration est inachevée, il n'est pas possible d'établir avec l'autorité et la précision dignes de la science cette distribution des races que les vieux continents eux-mêmes attendent encore. La science ethnographique, en prenant possession de son domaine propre, réclame, pour le bien explorer, le concours d'un grand nombre de sciences accessoires, encore à leur début. Les matériaux authentiques qu'elles recueillent et classent, et dont l'étude attentive permettra seule à l'ethnographie de conclure, sont peu nombreux ; ils le deviennent davantage de jour en jour ; mais, à l'heure actuelle, ils ne sauraient fournir les éléments d'une synthèse définitive. Il conviendrait donc d'ajourner tout essai de conclusion et tout système ; mais l'impatience de conclure est naturelle à l'esprit humain et les plus érudits même n'y échappent pas. C'est ainsi que l'ethnographie africaine a depuis longtemps ses théoriciens, et que sur ce terrain limité la divergence des opinions et la contradiction des systèmes est déjà extrême. L'examen de ces théories mérite de nous retenir.

I.

Les points de contact de l'ethnographie et des sciences naturelles dans leur infinie variété sont si nombreux, qu'on trouve çà et là des fragments d'études ethnographiques dans des ouvrages où l'on ne se fût pas avisé de les chercher. L'important ouvrage de M. Hæckel, *Histoire de la création des êtres organisés* (1), en est la preuve. A dire vrai, M. Hæckel ne s'occupe pas d'une façon spéciale de l'ethnographie de l'Afrique ; mais comme il a consacré une leçon aux *Espèces et races humaines*, à la *Distribution du genre humain et à ses migrations* (2), il lui était impossible de ne pas faire au

(1) *Histoire de la création des êtres organisés d'après les lois naturelles*, par E. Hæckel, professeur de zoologie à l'Université d'Iéna. — Traduction française de MM. Ch. Letourneau et Charles Martins. Paris, Reinwald, 1874.
(2) Leçon 23ᵉ.

continent africain la part qui lui revient dans cet
ensemble.

L'Afrique est-elle donc, suivant les données de
M. Hæckel, le domaine d'une race unique? Est-elle
devenue le partage de plusieurs races?

On sait l'importance attribuée pour la classification des races humaines à trois caractères d'ordre
bien divers : le langage, la forme du crâne, la
nature du cheveu. Le savant linguiste viennois, Frédéric Müller, assignerait volontiers au langage le
premier rôle (1). La forme du crâne, tantôt allongé,
étroit, comprimé latéralement, tantôt large et court,
comprimé d'avant en arrière, a paru aussi pendant
longtemps un criterium de premier ordre. On est
en partie revenu de la faveur sans réserve accordée
à cet indice; sans le négliger, on remarque que la
permanence des formes crâniennes n'est pas suffisante pour fournir les éléments d'une classification
et que « dans les limites d'une même espèce, la
forme du crâne peut varier jusqu'à atteindre les
formes extrêmes (2). » Seul de tous les indices,
celui qui est tiré de la nature du cheveu présente
dans un même groupe le caractère de fixité et de
permanence : ce signe, en apparence secondaire, se
transmet rigoureusement par l'hérédité; si les croisements n'interviennent pas, les trois types se per-
pétuent, semblables à eux-mêmes, de génération en

---

(1) Fr. Müller, *Allgemeine Ethnographie*, passim. – *Reise der*
Fregatte Novara. Anthropologischer Theil. Wien, 1868.

(2) Hæckel, *op. cit.*, p. 596.

génération : ce sont les cheveux laineux, enroulés en spirale étroite, aplatis en ruban, donnant au microscope une coupe allongée ; les cheveux droits, durs et raides, donnant une coupe transversale circulaire ; les cheveux intermédiaires, ondés en moyenne, de l'Européen (1). M. Hæckel ne distingue à l'origine que deux grandes classes : les peuples à chevelure laineuse (*Ulotriques*), et les peuples à chevelure droite (*Lissotriques*).

Puis, par une double subdivision, il reconnaît chez les Ulotriques ceux dont les cheveux sont disposés en touffes (*Lophocomes*), ceux dont les cheveux sont disposés en toison (*Eriocomes*) (2). Chez les Lissotriques, il distingue les peuples à cheveux droits (*Euthycomes*), et les peuples à cheveux bouclés (*Euplocamiens*).

C'est dans les deux grandes classes primitives des peuples à chevelure droite que M. Hæckel distribue les douze espèces et les trente-six races humaines qu'il reconnaît. Il est particulièrement intéressant

(1) Paul Topinard, *Essai de classification des races humaines actuelles* (*Revue d'anthropologie*, 7ᵉ année, 2ᵉ série, t. I, p. 502).

(2) M. Topinard (*loc. cit.*, p. 506) se refuse à admettre cette distinction des *Lophocomes* et des *Eriocomes*. Il prétend que les cheveux laineux insérés par petites touffes séparées par des intervalles glabres sont une illusion de Barrow et autres voyageurs qui n'y ont pas regardé de près. Suivant lui, chez tous les nègres, l'insertion des cheveux est continue sur la tête, et la disposition en buissons ou pinceaux de brosse n'est qu'une apparence particulière aux cheveux les plus courts, les plus arrondis en spirale et les moins touffus, lorsqu'ils sont abandonnés à eux-mêmes.

d'observer que, sur les quatre espèces attribuées par M. Hæckel au groupe des Ulotriques, trois appartiennent en propre au continent africain : soit neuf races sur treize. Si l'on excepte en effet l'espèce *Papou*, divisée en Négritos, Néo-Guinéens, Mélanésiens et Tasmaniens, et répartie de Malacca à la terre de Van Diémen, dans les Philippines, la Nouvelle-Guinée et la Mélanésie, les trois autres espèces, *Hottentot, Caffre, Nègre*, sont propres à l'Afrique et ne se trouvent que là. Ce sont, pour l'espèce *Hottentot*, les Hottentots et les Boschimans dans la pointe australe du continent africain ; pour l'espèce *Caffre*, les Caffres-Zoulous, les Betchuanas, les Caffres du Congo, occupant l'Afrique sud-orientale, le sud de l'Afrique centrale, l'Afrique sud-occidentale ; pour l'espèce *Nègre*, les nègres Tibou, les nègres Soudaniens, les Sénégambiens, les Nigritiens, dans les pays dont ils empruntent le nom.

Ce premier groupe d'êtres humains, les Ulotriques ou peuples à chevelure laineuse, n'est pas le seul qui ait fourni à l'Afrique son contingent de population. Même en négligeant la race sémite dont l'expansion dans le nord de l'Afrique est relativement récente, on remarque sur le tableau taxonomique de M. Hæckel (1) que l'espèce *Nubien* tout entière peut être revendiquée par l'Afrique. Elle se compose de deux races, les Dongoliens et les Fulah, qui occupent la Nubie et une large part de l'Afrique

---

(1) Hæckel, *op. cit.*, p. 600.

centrale, où ses éléments sont très inégalement répartis, du Sénégal et des montagnes de Kong au
Dar-four.

Ainsi, sur les douze espèces dont l'ensemble,
d'après M. Hæckel, constitue l'humanité, quatre
paraissent être le lot exclusif du continent africain ;
une cinquième lui fournit une de ses races, qu'elle
partage entre l'Afrique et l'Asie. Sur les trente-six
races humaines, l'Afrique peut en réclamer onze
comme son lot propre ; encore ces onze races sont-
elles loin de couvrir la totalité de son territoire ; car
la puissante race sémite n'y est pas comptée, et l'on
sait la large part qu'elle a su se faire au cours des
siècles dans l'occupation du sol africain au nord de
l'Équateur.

Il faut suivre M. Hæckel plus loin encore, sur un
terrain délicat où il ne s'engage lui-même qu'avec
précaution et en faisant ses réserves. Quand il pose
la question de la patrie primitive de l'homme et
qu'il veut rendre compte de la dispersion et des
migrations du genre humain, ses conclusions, ses
hypothèses même intéressent l'Afrique et peuvent
expliquer son peuplement originel. Partisan déclaré
de la doctrine monogéniste, il admet que le genre
humain a eu une patrie primitive d'où il est sorti
par évolution d'une espèce anthropoïde depuis longtemps éteinte. Où faut-il chercher la situation de
cette patrie primitive ? Il n'hésite pas à éliminer le
Nouveau-Monde tout entier, pour n'admettre le
choix qu'entre l'Asie méridionale et l'Afrique. Puis

reprenant l'hypothèse grandiose de Sclater, il est disposé à ressusciter le continent de la *Lémurie* (1), qui, s'adossant aux Indes, aux îles de la Sonde, à Madagascar et à l'Afrique orientale, de Moçambique à Guardafui, aurait été le berceau du genre humain. Cette hypothèse admise, il devient facile d'expliquer par l'émigration la distribution géographique des races. C'est sur ce domaine primitif que, par l'élimination des espèces inférieures, se constituèrent les deux types ancestraux de toutes les espèces futures : le type à chevelure laineuse et le type à chevelure droite. Alors l'émigration commença.

La grande branche des *Ulotriques* se propagea uniquement sur l'hémisphère méridional et projeta un double rameau à l'est et à l'ouest. Les débris du rameau oriental sont les Papous de la Nouvelle-Guinée et les Mélanésiens ; on retrouve les restes du rameau occidental dans les Hottentots. Les deux espèces similaires, Caffres et Nègres, firent peut-être partie de cette première émigration ; ils se détachèrent, chemin faisant, du tronc principal ; ou bien ils durent leur origine à un rameau spécial de l'espèce primitive.

(1) Voyez la carte hypothétique de la *Lémurie* dans l'ouvrage de M. Hæckel. planche XV. Cette hypothèse semble gagner du terrain de jour en jour Oscar Peschel (*Vœlkerkunde*, Leipzig. 1875) la discute et l'admet ; il serait disposé à y voir l'*Ethiopie Indique* de Ptolémée (p. 34 à 36) — Voyez dans ce dernier ouvrage l'effort naïf de Peschel pour établir l'orthodoxie de cette hypothèse et les témoignages tirés de Lactance, Bède, Raban Maur, Kosmas Indicopleustes, etc., dont il se sert pour l'établir.

Quant à l'espèce *Nubien* et à la race sémite, ils faisaient partie de l'autre grand groupe des *Lissotriques* ; mais ils ne se différentièrent, selon toute vraisemblance, que de longs siècles après, et l'on ne peut qu'indiquer la direction du mouvement, qui de l'est à l'ouest les propagea à travers l'Afrique, dans sa région moyenne et septentrionale, jusqu'à ses rivages occidentaux (1).

M. Hæckel connaît trop bien les périls d'une généralisation prématurée pour attacher une valeur décisive à sa théorie. Il ne la présente que comme une hypothèse provisoire (2) ; il n'impose à personne sa foi en la Lémurie, et en attendant que de nouvelles recherches d'anthropologie comparée et de paléontologie aient fortifié de nouveaux arguments telle ou telle doctrine, il réserve son affirmation. Mais il ne lui déplaît pas d'envisager la question d'un point de vue tout à fait opposé ; et, après avoir défendu en son nom propre la doctrine monogéniste, il fait subir à son système de répartition des races l'épreuve de l'hypothèse polygéniste elle-même. Il remarque alors que les anthropoïdes africains sont caractérisés par une dolichocéphalie très accusée, et que ce caractère appartient aussi aux races humaines vraiment africaines, telles que les Hottentots, les Caffres, les Nègres, les Nubiens. Les anthropoïdes asiatiques, au

(1) Voy. planche XV de Hæckel : *Esquisse hypothétique de l'origine monophylétique et de la distribution des douze espèces d'hommes sur la terre, à partir de la souche Lémurienne.*

(2) Voy. *op. cit*, p. 671, 672. Note explicative de la planche XV.

contraire, sont tout à fait brachycéphales, et ce caractère se retrouve chez les espèces humaines de l'Asie, Mongols et Malais. La doctrine polygéniste, en admettant plus d'un foyer de création pour la race humaine, ne déplace donc pas d'une façon vraiment notable le champ de l'apparition des races primitives, puisque sur les deux grands groupes originels, elle attribue l'un à l'Afrique intertropicale, l'autre à l'Asie méridionale, et que dans cette hypothèse même il y a place encore pour le continent tropical, aujourd'hui disparu, qui a peut-être jadis réuni ces deux régions.

Ainsi, l'importance du continent africain dans l'examen de ces questions d'origine reste capitale. Si l'on craint de se jeter à l'aventure, même à la suite de guides excellents, en se proposant ces obscurs problèmes, il n'en reste pas moins acquis quelques points essentiels. Si l'on ne veut pas admettre que l'Afrique ait été contiguë au berceau primitif du genre humain et qu'elle ait reçu directement de là ses populations quasi-autochthones, si on lui refuse l'honneur d'avoir produit directement toute une partie considérable de l'effectif humain, il n'en faut pas moins reconnaître qu'elle sert, depuis un nombre inconnu de siècles, d'asile exclusif à quelques-unes des races originales de l'humanité et qu'elle a imprimé par l'influence de la cohabitation, du ciel et du sol, aux races plus nouvellement immigrées, un caractère spécial qui les fait siennes et qui semble défier toute revendication étrangère.

II.

A ne consulter que l'ordre chronologique, il aurait fallu faire connaître les théories de M. Frédéric Müller avant celles de M. Hæckel. C'est au premier, en effet, que revient le mérite d'avoir établi la classification des races d'après le caractère de la chevelure, que M. Hæckel lui a empruntée. Mais M Frédéric Müller ne se contente pas d'esquisser un tableau du peuplement primitif de l'Afrique dans les temps qui échappent aux recherches de l'histoire, comme le fait M. Hæckel; il s'applique à répartir sur le continent africain les diverses races qui l'ont tour à tour occupé ; il les déplace, les fait mouvoir, agir et réagir les unes sur les autres, de manière à rendre raison par ces vicissitudes historiques de leur situation et de leur importance réciproques jusqu'en ce siècle. Comparé à M. Hæckel, qui se contente d'attribuer à l'Afrique quelques groupes humains primitifs, sans y suivre leur fortune, M. Fr. Müller a donc osé davantage : il a voulu sortir de l'indécision des époques primitives, donner à son étude plus de précision. Il marque un nouveau pas dans l'essai d'une théorie d'ethnographie africaine, et, à ce titre, il convenait de réserver pour les présenter en second lieu ses savantes hypothèses (1).

(1) Friedrich Müller, *Allgemeine Ethnographie*, p. 77 et suiv.

L'Afrique, suivant l'éminent professeur de Vienne, est actuellement occupée par cinq races distinctes :

La race *Hottentote*, à l'extrême sud et sud-ouest ;

La race *Caffre*, qui confine à la précédente et qui s'étend jusqu'à l'Équateur ;

La race *Nègre*, dans le Soudan ;

La race *Fulah*, enclavée dans la région qui est occupée par la race Nègre, suivant une ligne dirigée de l'ouest à l'est ;

La race *Méditerranéenne*, au nord et à l'est jusqu'à l'Équateur (1).

M. Fr. Müller regarde comme autochthones les quatre premières de ces races ; la dernière, d'après lui, est incontestablement venue d'Asie.

Quelle fut, selon toute apparence, la région où chacune des quatre races indigènes eut son établissement primitif ?

Les Hottentots occupèrent dans le principe, à l'exclusion de toute autre race, l'Afrique australe, depuis l'extrémité méridionale du continent jusqu'au 18 ou 19° environ de latitude sud. M. Müller admet, avec Th. Hahn, que les Hottentots étaient déjà en Afrique lorsque les déserts du Sahara et de Kalahari étaient encore des fonds de mer, le Niger se jetant alors dans la mer du Sahara, le Kunene et le Zambèze, dans la mer de Kalahari. Ce sont les Caffres

_____

(1) Il serait plus juste de dire tout au plus jusqu'au 15° environ de lat. N.

qui, refoulés eux-mêmes du côté du nord, chassèrent les Hottentots de leur aire d'expansion originelle, les forcèrent à se tasser dans l'extrême sud, puis à glisser le long de la côte occidentale jusqu'aux régions qu'ils occupent encore aujourd'hui. Leur établissement sur la côte occidentale peut être regardé comme relativement récent ; car on est frappé du peu d'influence qu'ils ont exercé sur les peuples caffres de cette région, les *Damas,* par exemple. Sur la côte orientale, au contraire, leur influence a été considérable : on voit en effet que les Caffres ont pris aux Hottentots non seulement beaucoup de leurs mœurs et de leur organisation , mais encore de leurs mots, quelque chose même de leur façon de prononcer. Ce sont donc les Hottentots, avec leurs deux rameaux, les *Khoikhoin* (1) et les *Sân,* qui sont les habitants primitifs de l'extrême sud africain. Leur nom même semble porter témoignage ; car les *Khoikhoin* sont « *les hommes des hommes* (2) », soit les hommes par excellence, soit les hommes primitifs ; et les *Sân,* s'il faut en croire Th Hahn, seraient « *ceux qui sont établis* (3) », les indigènes, les premiers possesseurs. Ajoutons à ces arguments l'autorité de traditions encore vivantes : dans plusieurs régions

(1) Il nous arrivera, au cours de cette introduction, d'écrire le même nom de peuple avec une orthographe différente. C'est que nous conservons la manière d'écrire adoptée par l'auteur que nous citons.

(2) Müller, *op. cit.,* p. 93.

(3) Du verbe *Sâ,* se reposer, s'établir. — Voy. Hahn, *Die Sprache der Nama.* Leipzig, 1870, p. 6 ; cité par Müller, *ibid.,* p. 95.

habitées par les Caffres, quand un Buschman (ou Sân) prend part à une chasse, le meilleur morceau appartient au Buschman, même avant le chef caffre, « parce que les Buschmans sont les plus anciens habitants du pays ».

Les Caffres ne sont pas originaires des contrées du sud où nous les trouvons aujourd'hui. Ils sont arrivés là par migrations. Ils étaient primitivement établis plus au nord. On peut supposer qu'ils restèrent pendant longtemps dans le voisinage des peuples Hamites venus d'Asie et en contact intime avec eux ; leurs idiomes, suivant M. Fr. Müller, en sont une preuve suffisante. Les rapports des idiomes sont tels, qu'on ne saurait en rendre compte sans admettre une influence directe des idiomes hamitiques sur les idiomes des peuples de race caffre.

Cette migration du nord au sud ne fut pas la seule que les Caffres effectuèrent. Il y en eut une seconde de l'est à l'ouest, qui se fit plus tard, à travers le continent. Toujours attentif aux preuves fournies par la linguistique, M. Fr. Müller l'établit sur ce fait que les langues de plusieurs tribus à l'extrémité N.-O. de la région occupée par la race caffre ont une parenté étroite avec les langues des peuples de l'extrémité N.-E.

Pas plus que la race caffre, la race fulah n'est originaire des régions qu'elle occupe aujourd'hui. Elle est enclavée au milieu de la race Nègre. Un semblable enchevêtrement de deux races ne saurait être un fait primitif. D'après M. Fr. Müller, la race fulah aurait été primitivement établie au N. de la race Nègre, peut-être dans la région actuellement occupée par la race Berbère ; elle s'insinua peu à peu dans son domaine actuel, d'où elle s'étendit de proche en proche vers l'est, jusqu'en Nubie. M. Müller appuie son hypothèse sur l'étroite parenté des Fulah avec la race méditerranéenne. D'après lui cette parenté semble témoigner d'un mélange antérieur. Ici encore la linguistique vient à son aide : il croit trouver plus d'un point de contact entre les idiomes des fulahs et les langues hamitiques.

Les différents peuples dont l'ensemble forme la race nègre, doivent avoir subi, eux aussi, de nombreuses migrations. Le temps n'est plus où une anthropologie encore à ses débuts identifiait la race nègre avec le continent africain lui-même. On sait aujourd'hui qu'il faut limiter à une région déterminée du continent le domaine de cette race puissante et originale. Ce domaine s'étend environ sur 50 degrés de longitude, et en latitude sur une région de largeur très inégale dont les deux points extrêmes se trouvent à peu près sur l'Équateur d'une part, et au 27º de latitude nord, de l'autre. On peut le circonscrire en traçant une ligne du Sénégal à Timbouktou, de Timbouktou à la rive septentrionale du lac Tchad, à travers le Sahara jusque vers le Fezzan, du Fezzan au Dar-four ; la ligne de démarcation franchit le Nil, s'incline vers la rive septentrionale du lac Ukerewe ; puis, en restant plus ou moins parallèle à l'Equateur, elle atteint le golfe de Biafra où la

grande ellipse de la région nègre se referme, en reprenant l'océan Atlantique comme limite occidentale.
Encore, ne l'oublions pas, cette région n'est-elle
pas le domaine exclusif de la race nègre : la race
fulah lui en dispute une part notable.

Les Nègres sont les aborigènes de l'Afrique nord-
ouest, comme les Hottentots sont les aborigènes de
l'Afrique méridionale. Il est probable qu'avant l'extension des races caffre et fulah ils occupaient,
jusqu'à l'Équateur et au delà, toutes les régions qui
échurent plus tard en partage à ces deux races.
Refoulés du côté du nord et de l'est par les peuples
de la race fulah, de la race caffre, et plus tard par
des peuples de la race méditerranéenne, les Nègres
se sont peu à peu resserrés dans leurs limites actuelles. Sur la lisière de leur région, des mélanges se
sont produits entre la race nègre et les peuples qui
la refoulaient, Méditerranéens, Caffres ou Fulahs,
au nord, à l'est et au sud. Aussi le type ne s'est-il
conservé dans toute sa pureté et avec tous ses caractères que dans la partie de cette région que son
éloignement préservait de tout contact : le sud-ouest.
C'est en effet la partie de l'Afrique qui s'étend du
Sénégal au Niger que l'on peut considérer comme le
domaine du Nègre pur.

Telles sont les quatre races autochthones de
l'Afrique, dont les migrations dans l'intérieur du
continent lui-même ont été fréquentes, considérables.
Dans la pensée de M. Fr Müller, ce n'est pas une
cause intérieure qui a déterminé ces grands mouve-

ments d'hommes et comme ce remous de populations dans une partie du monde si bien délimitée. La cause vint du dehors : c'est la migration en masse de la race méditerranéenne qui provoqua dans les couches d'une population jusqu'alors assise un ébranlement dont les contre-coups se répercutèrent aux lointaines extrémités de l'Afrique australe et aux rivages des deux océans. La race méditerranéenne, poussée elle-même dans l'extrême Occident asiatique, projeta en Afrique un de ses rameaux, le rameau hamitique. Alors dut commencer le refoulement vers le sud des Africains autochthones, contraints de céder la place à des étrangers qui leur étaient supérieurs en force physique et en intelligence.

Engagé dans une théorie qui lui paraît rendre raison de tous les faits, M. Fr. Müller ne résiste pas au désir de la fixer d'une façon plus décisive encore en lui assignant sa date. Sans doute le début de ces migrations remonte à une époque très éloignée ; mais il pense qu'il n'est pas impossible de déterminer approximativement la période qui les a vues s'accomplir. Voici son système : de tous les peuples d'origine hamitique venus d'Asie en Afrique, les derniers en date sont les Égyptiens que l'histoire nous montre établis à l'issue de l'isthme de Suez, passage obligé des migrations. L'histoire authentique de l'Égypte remonte au delà de quatre mille ans avant J.-C. A cette époque déjà les Égyptiens sont constitués en unité politique ; la forme monarchique y est établie ;

tout cela repose sur un fond de culture déjà ancien.
Si l'on compte mille ans pour la période pendant
laquelle les Égyptiens passèrent de la barbarie à ce
degré de civilisation que révèlent leurs plus anciens
documents, on en vient à fixer vers le cinquantième
siècle avant notre ère la migration en Afrique des
Égyptiens. Mais les Égyptiens n'avaient pas été les
premiers émigrants de souche hamitique : avant
eux, bon nombre de peuples de même origine avaient
fait leur apparition en Afrique en suivant la même
voie. C'étaient les Berbers (avec leur rameau les
Guanches aujourd'hui disparus), les Bedscha, les
Somali, les Dankali, les Galla, et d'autres peuples
encore. Ces migrations, provoquées par une
même cause, ayant un point de départ et d'arrivée
commun, se firent sans doute successivement et
dans un laps de siècles relativement médiocre. On
peut compter environ mille ans pour cette période
des migrations. On est ainsi amené à fixer aux environs de l'an six mille avant J.-C. la date approxi-
mative de la mise en mouvement des races autochthones de l'Afrique et de leur réaction séculaire dont
les effets durent encore.

On le voit, le système chronologique de M. Fr.
Müller a des contours bien arrêtés ; il se présente
comme un ensemble dont toutes les parties s'agen-
cent merveilleusement, trop merveilleusement peut-
être. L'esprit éprouve d'abord cette satisfaction qui
lui vient de ce qui est net, bien distribué, décisif ;
mais il ne s'abandonne pas longtemps. A voir ainsi

manier les siècles, il se met en défiance ; il cherche les fondements de cette doctrine et il ne les trouve pas. De tous ces chiffres, il en est un seulement qui ne soit pas le produit d'une hypothèse : c'est la date des commencements de l'histoire authentique de l'Égypte ; il sert de pivot à tout le système. Mais comment mesurer le temps nécessaire pour passer de la barbarie à un état de civilisation donné ? N'y a-t-il pas là matière à observation, et non sujet d'hypothèses ? Comment faire leur part en durée à chacune de ces migrations successives, dont l'ordre même n'est pas établi ? Il suffit d'indiquer le sens général de ces critiques; le détail en est facile à poursuivre. D'ailleurs l'ensemble du système n'en est pas atteint. Il reste à M. Fr. Müller le mérite d'avoir présenté un classement des races de l'Afrique, d'avoir établi l'indigénat de quatre d'entre elles et d'avoir resserré dans des proportions modestes la part de l'immigration et de l'élément étranger que les ethnologues semblent disposés à restreindre de plus en plus, quand ils ne vont pas, comme M. Hartmann par exemple, jusqu'à prétendre l'éliminer presque entièrement.

III.

Avec des développements plus considérables et un luxe d'érudition qu'il serait difficile de surpasser, M. Théodore Waitz, professeur à l'Université de

Marbourg, traite dans son grand ouvrage d'anthropologie (1) cette question des races primitives de l'Afrique. Il ne fait pas à l'indigénat une part aussi large que M. Müller, et c'est à peine s'il reconnaît comme vraiment autochthones les deux races hottentote et nègre. Les autres, à des titres divers et avec de grandes différences d'antiquité et d'origine, lui paraissent former un appoint étranger. L'âge très reculé de leur établissement, les grandes analogies qui se sont formées entre elles au cours des siècles par le voisinage, le croisement et les rapports de toutes sortes, constituent, il est vrai, au profit de ces races plus jeunes, comme un droit de naturalisation africaine; elles n'en sont pas moins originairement exotiques.

Hottentots et Nègres, tels sont donc les éléments primitifs, dans le système de M. Waitz. Il ne s'attarde guère à rechercher l'origine des Hottentots ni à établir leurs migrations probables; il rejette comme inadmissible la tradition d'après laquelle les *Namaqua* seraient arrivés en bateaux dans le pays qu'ils occupent, et il explique par l'invasion des Caffres dans la moitié orientale du continent le refoulement des Hottentots de l'est et du nordest jusque dans les pays où on les inquiète

(1) D'' Theodor Waitz : *Anthropologie der Naturvœlker.* Leipzig 6 vol. in-8°, 1860 à 1877.

Le second volume tout entier est consacré à l'étude de l'Afrique. Il porte la date de 1860. Il a pour sous-titre : *Die Negervœlker u. ihre Verwandten, ethnographisch u. culturhistorisch dargestellt.*

encore aujourd'hui (1). Les Hottentots armés de l'arc et des flèches reculent devant les Caffres porteurs de la massue et de la lance (2).

Les Nègres tiennent, dans les savantes hypothèses de M. Waitz, une plus large place. Le temps n'est pas éloigné, dit-il, où, à l'exception de quelques peuples du nord de l'Afrique, on rattachait à la race

(1) Waitz, *op. cit.*, II, p. 328.

(2) On peut rappeler ici pour mémoire la bizarre théorie édifiée par J. W. Appleyard (*The cafir langage*) sur les données du rév. R. Moffat et reproduite par W. Bleek (*De nominum generibus linguarum Africæ Australis, Copticæ*, etc., etc Bonn, 1851), théorie d'après laquelle les « Hottentots seraient originaires d'Egypte ; les Hottentots, comme les Coptes, descendraient des anciens Egyptiens, et leurs ancêtres, au début de la période des migrations, auraient été les descendants très proches de Mizraïm, le second des fils de Ham. » — Cette théorie, tenue longtemps pour vraie, au point de vue philologique, par Lepsius, Pruner-bey, confirmée de nouveau par Bleek en 1870, à été mise à néant par Max Müller, Frédéric Müller, Théophile Hahn, etc. — Au point de vue anthropologique, elle ne soutient pas davantage l'examen.

Quant à l'état de culture de cette race, les témoignages sont très divers : on peut consulter à cet égard Gustav Fritsch : *Die Eingeborenen Süd Afrika's*. Breslau, 1872. L'un des plus favorables est à coup sûr celui d'Oscar Peschel, qui mérite à ce titre d'être reproduit : « Quand on considère le haut développement des Hottentots, quand on apprécie à sa juste valeur ce fait que les Hottentots apprennent facilement et parlent d'une façon irréprochable les langues étrangères, on ne saurait les laisser ranger parmi les races tout à fait inférieures de l'humanité ; on leur assigne au contraire leur place parmi les peuples à demi civilisés. A coup sûr ils possèdent toutes les conditions d'un développement social bien supérieur à celui qu'ils ont atteint. Mais le manque d'eau, dans l'Afrique méridionale, en les obligeant à des migrations continuelles, les a empêchés de devenir des peuples sédentaires et a exclu le développement de la population. « (*Vœlkerkunde*, p. 494, 495).

nègre tous les naturels de ce continent. Cette conception a été modifiée et le domaine de la race nègre
bien restreint. Il faut mettre à part tout le littoral
nord de l'Afrique, qui par sa faune, sa flore, son
climat, se rattache aux autres pays baignés par la
Méditerranée et à l'Asie Mineure. Il faut faire leur
place distincte aux Mazigh et aux Coptes, originairement aussi étrangers aux Nègres que les Arabes
venus plus tard ; aux habitants de Madagascar, que
ni la langue, ni le type, ni aucun rapport d'aucune
sorte ne rattachent à la race noire. Puis, en suivant
les degrés intermédiaires entre la race blanche et la race
noire, il convient de distinguer encore, à des rangs
divers, le groupe des peuples Abyssiniens (Bedscha,
Galla et Nubiens) qui occupent l'est, surtout la région
du Nil, du Tropique au nord à l'Équateur au sud ; —
les Fulah, peuple puissant répandu au centre de
l'Afrique, en contraste frappant avec le Nègre, au
point de vue social comme sous le rapport du type
physique ; — enfin, à un degré plus rapproché, les
Caffres et les peuples du Congo.

Le domaine propre de la race nègre, tel qu'on
peut le délimiter aujourd'hui, est donc restreint ; ses
limites, telles que les fixe M. Waitz, se confondent
à peu près avec celles que donne M. Müller (1) ;
encore faut-il remarquer avec ces deux auteurs que
cette région elle-même ne comprend pas exclusivement des Nègres purs, ni seulement des Nègres ;

(1) Voyez la carte ethnographique de l'Afrique dressée par
O. Delitsch, à la fin du 2e volume de Waitz.

mais c'est là que sans nul doute il faut chercher le dernier asile de la race. M. Waitz est d'avis (et ses arguments semblent irréfutables) que la race nègre, ainsi comprimée aujourd'hui et limitée à une étroite zone de l'Afrique moyenne, a dû avoir, à une époque préhistorique, une extension autrement considérable. En effet, les peuples qui occupent aujourd'hui le nord et l'est de l'Afrique ne sont pas originaires de l'Afrique ; ils appartiennent à l'Asie ; leurs langues en témoignent et la tradition le confirme (1). Les peuples caffres et tous leurs congénères de l'Afrique orientale doivent être considérés comme une race d'envahisseurs. Dans le cours de leurs conquêtes, ils se sont mêlés plusieurs fois avec la race nègre ; ils l'ont en partie anéantie, en partie refoulée vers le centre et vers l'ouest.

Les peuples abyssiniens ont, moins que les Caffres, subi de mélanges avec les éléments nègres. On en trouvera sans doute la raison dans ce fait que les Caffres, précédant les Abyssiniens dans la migration primitive, se trouvèrent les premiers en contact avec les Nègres, absorbèrent dans ces premiers rapports une grande partie des éléments de la race noire, puis la repoussèrent devant eux et mirent ainsi, pour une large part, les peuples qui marchaient dans la voie ouverte par eux à l'abri des influences qu'ils avaient eux-mêmes subies.

M. Waitz est donc disposé à penser que la race

(1) Waitz, II, p. 5.

nègre a primitivement occupé tout l'est et le sud de l'Afrique, sauf le domaine réservé à la race hottentote. — Comme le pays des Hottentots dans le sud, l'Égypte fit probablement exception au nord-est. M. Waitz reconnaît du moins que pas un document ne laisse entrevoir à aucune époque l'existence de la race nègre en Égypte comme population primitive. Les Nègres représentés sur les plus anciens monuments y figurent comme esclaves; ils témoignent seulement d'une chose, de la haute antiquité de ce commerce de marchandise humaine, qui fut de tout temps la plaie de l'Afrique, et des rapports préhistoriques de l'Égypte avec le pays des noirs. Il n'est même pas probable que la Nubie ait originairement appartenu à la race nègre.

M. Waitz groupe toutes les preuves qui établissent que dans des temps reculés la race nègre s'est étendue sur la plus grande partie des pays occupés aujourd'hui par les Berbers. Il ne fait aucune hypothèse sur l'époque antérieure à l'établissement en Afrique de ce dernier peuple; mais il croit qu'avant la descente des Berbers des hauteurs de l'Atlas vers le désert, la race nègre occupait toutes les oasis fertiles du Sahara. Les chroniques d'Ahmed-Baba lui fournissent ses principaux arguments. Les nègres chassés des oasis y ont laissé des vestiges de leur passage; quand on traverse le Sahara du nord au sud on est frappé de voir que la ressemblance avec le type nègre s'accentue à mesure qu'on s'avance vers le domaine actuel de la race noire. On était porté, surtout avant les savantes explorations des trente dernières années, à voir dans cette modification du type l'action du climat, le mélange des populations locales avec des Nègres venus ou amenés du sud. Presque tous les points de la limite nord du Sahara ont, comme Tuggurt, une population mêlée. La tradition du pays rapporte « qu'autrefois les habitants de Tuggurt étaient noirs ». Dans le Tuat, la population est d'autant plus noire qu'on avance davantage vers le sud. Les habitants du Fezzan ressemblent plutôt aux Nègres qu'aux Arabes ; ils ont cette odeur de peau caractéristique qui trahit le Nègre. Dans le Fezzan, à Ghat, et dans d'autres oasis, on trouve de nombreuses tribus de Nègres libres établis. Aboul-Féda et El Bekri disent en parlant de Zuila, l'ancienne capitale du Fezzan, au nord-est de Murzuck, « qu'elle était sur la limite du pays des Nègres ». Ainsi, au xiiie siècle, le Fezzan était en partie habité par les noirs. Le mélange du sang noir se remarque aussi dans l'Air. il est difficile, suivant M. Waitz, de prendre pour des émigrés venant du sud les Nègres qui se trouvent dans la partie méridionale de la régence de Tunis et à Tripoli, ni ceux qui occupent plus de vingt villages dans la Cyrénaïque. N'est-il pas plus vraisemblable d'y voir les restes de la population primitive du pays ? Barth a recherché attentivement les traces de cette population ; il croit que le Fezzan, comme Wargla et le Tuat, était originairement peuplé de Nègres qui en furent chassés pour la première fois par les conquérants musulmans. Ainsi la race nègre a subi, depuis un nombre de siècles qu'il est impossible de déterminer exactement, un refoulement du nord vers le sud, par le fait de l'expansion des Berbers ; c'est seulement du viiie au xie siècle de notre ère que les progrès des envahisseurs de race blanche sont rapides ; enfin la fondation de Timbouktou par les Touaregs (dernier tiers du ve siècle de l'hégire) donna à la puissance des Berbers dans ces régions un nouveau centre d'établissement et met en pleine lumière leur situation dominante (1).

La science moderne a donc notablement réduit l'ancienne extension de la race nègre ; elle en a détaché tout un groupe de peuples qui semblait, au premier abord, lui revenir de droit. Un des plus importants résultats de la philologie, suivant M. Waitz, est d'avoir distingué de la race nègre et constitué en groupe particulier tous les peuples de l'Afrique au sud de l'Équateur, à l'exception des Hottentots. Il y aurait donc une étroite parenté et une indiscutable communauté d'origine entre les peuples du Congo, ceux du Moçambique, de Delagoa et les Caffres proprement dits. C'est ce groupe que M. Waitz étudie à part sous le nom de *Caffres et peuples du Congo*. Il y comprend : 1º les Caffres (ce nom entendu au sens étroit, c'est-à-dire les Amakosa, les Amatembu, les Amapondo, les Amazulu) ; 2º les Betschuana ; 3º les Damara ; 4º les peuples du Moçambique ; 5º les Suaheli ; 6º les peuples du Congo ; 7º enfin,

(1) Waitz, *ibid.*, p. 1 à 12.

à l'extrémité nord-ouest de la région, les Mpongwe sur le Gabon et les peuples qui leur sont apparentés. — Ce groupe de peuples, cette famille du sud de l'Afrique, est profondément séparée de la race nègre, d'abord par le caractère de la langue (1), par la manière de vivre, les mœurs, les conceptions et les pratiques religieuses; enfin, et à un moindre degré, par le type physique lui-même. C'est en effet par les caractères extérieurs du corps qu'ils sont le moins différenciés; il est donc naturel que les premiers observateurs s'y soient trompés et que l'erreur ait prévalu jusqu'à nos jours.

M. Waitz réserve aussi une place distincte aux *Fulah;* mais il ne se prononce pas sur l'obscure question de leur origine. Il repousse l'hypothèse mal fondée de d'Eichthal qui les rattache à la race malaio-polynésienne; mais il paraît disposé à admettre que leurs plus anciennes migrations et, sans doute, leur évolution dans son ensemble s'est effectuée de l'est vers l'ouest. Plus tard cependant leur mouvement s'est prononcé, comme celui des Arabes eux-mêmes, du nord vers le sud.

Ce sont les peuples de *race éthiopienne* qui, d'après le plan de M. Waitz, complètent l'ethno-graphie africaine. Il ne prend pas ici le mot *éthiopien* dans son sens étroit; car il ne devrait s'appliquer qu'aux peuples de la langue Geez, c'est-à-dire aux Abyssiniens (2). Il réunit sous cette dénomination

(1) Waitz, *ibid.*, II, p 374.
(2) Waitz, *ibid.*, II, p. 475.

commune un groupe de peuples qui, au nord-est de l'Afrique, forment comme un terrain de transition entre la race blanche et la race noire. Ces peuples, parmi lesquels les Nubiens, les Bedscha, les Abyssiniens et les Galla tiennent le premier rang, présentent comme une longue série de nuances qui rendent presque insensible la transition du Nègre à l'Européen. Mais si leur type physique semble parfois les rapprocher du Nègre, la langue les différencie profondément et des Nègres et des Africains indigènes ; elle fait songer à une origine sémitique et dispose à attribuer à un autre continent leur patrie primitive.

Tel est, dans ses lignes principales, le système de M. Waitz : il fait à l'autochthonie africaine une part moins large que M. Fr. Müller ; il admet plus facilement l'hypothèse des invasions asiatiques et leur influence sur la distribution des races primitives et leur destinée. Les théories de M. Waitz seraient donc exposées, au tribunal de M. Hartmann, à un jugement plus sévère encore que celles de M. Fr. Müller. On aura l'occasion de voir bientôt que ce dernier n'a pourtant pas été épargné.

IV.

M. Robert Hartmann, professeur à l'Université de Berlin, a consacré à l'étude de l'Afrique une part considérable de ses travaux. Ce n'est pas seulement un érudit, mais un voyageur, un explorateur ; il

profite de cet avantage pour traiter avec quelque
dédain les savants doctrinaires qui ne connaissent
l'Afrique que par les livres et les cartes. Il n'en faut
pas moins reconnaître que depuis Karl Ritter, dont
M. Hartmann relève pour la conception générale de
sa théorie, personne n'avait porté dans l'examen de
ces importants problèmes un esprit plus large; personne n'avait considéré d'un regard plus net et plus
ferme le fouillis de ces populations diverses qui semblent défier tout essai de classification.

N'oublions pas cependant que M. Hartmann n'a
rien inventé; s'il croit à l'existence d'une race africaine unique, infiniment diversifiée, s'il parle en
maint endroit des « liens indissolubles qui unissent
entre elles les nations africaines » *(Die Untrennbar-
keit der Afrikanischen Nationen)*, longtemps avant
lui Karl Ritter avait écrit cette page significative qui
porte en germe tout le système de M. Hartmann,
nettement dessiné dans ses traits principaux : « En
Afrique, la différence entre les individus est moins
grande, l'homogénéité des peuples considérés comme
masses plus forte, plus dominante que dans les autres
parties du monde. Au-dessus de tous les habitants
de l'Afrique plane une conformité générale qui a sa
cause dans la simplicité et l'uniformité des rapports
au milieu desquels ils vivent. Conformation physique,
genre de vie, nourriture, costume, tout chez eux se
rapproche et se ressemble. La marche de leur développement intellectuel est presque partout la même ;
leurs langues mêmes, leurs constitutions politiques

présentent, dans des lieux opposés, les plus frappants rapports. Un air de famille, une merveilleuse ressemblance les unit comme les enfants d'une mère commune (1). »

Ritter revient à diverses reprises sur ce caractère essentiel : la partie de son grand ouvrage qu'il a consacrée à l'Afrique n'est autre chose que le développement de la doctrine présentée ici en raccourci. Ailleurs, il la résume d'une façon plus saisissante encore : « L'uniformité caractérise donc la nature africaine. Cette ressemblance, cette communauté de formes physiques exerce partout son influence dans cette partie du monde ; elle unit comme par un lien commun tous les êtres, même les plus développés, l'homme, les peuples, les États. Les parties de l'Afrique ne sont nulle part séparées en individualités isolées ; elles nous apparaissent au premier coup d'œil comme les membres intimement unis d'un seul et même corps (2). »

Si l'on emprunte à l'un des ouvrages de M. Hartmann le résumé de sa théorie pour le mettre en regard de ces passages de Ritter, l'analogie des doctrines est frappante ; le système de M. Hartmann n'y perd rien de son mérite et de sa grandeur, mais l'opinion qu'on a de son originalité n'y gagne pas : « Selon moi, dit-il, les Africains forment, ethnologiquement parlant, un tout dont les membres

(1) Karl Ritter, *Die Erdkunde*, trad. franç., l'*Afrique*, vol. I, p. 510.

(2) Ritter, *ibid.*, vol. II, p. 20.

3

s'enchaînent par des transitions infiniment nombreuses. Notre connaissance même incomplète des peuples africains justifie ma conviction. Les caractères physiques, les mœurs et les coutumes, la langue, etc., me prouvent suffisamment que la population africaine n'est pas formée d'éléments hétérogènes juxtaposés par le hasard , mais que le continent africain, avec son monde végétal et animal symétriquement réparti sur d'immenses étendues, avec d'infinies variétés, il est vrai, renferme une seule grande souche de la famille humaine, diversement démembrée, soit par les modifications naturelles, soit par des fusions, des guerres, des migrations... Je suis fermement convaincu que nous pourrons ainsi trouver la clef des énigmes ethnologiques et faire rentrer sans violence dans le système des nations africaines les Mombuttu de Schweinfurth, les Hottentots, les Berbers, les Égyptiens, ainsi que les Pygmées proprement dits. Alors aussi, mais seulement alors, nous trouverons le moyen de constater les rapports entre certaines branches extrêmes de la famille africaine et celles d'autres continents, surtout de l'Europe et de l'Asie (1). »
— « Les peuples africains , dit encore ailleurs M. Hartmann, ne sauraient être arbitrairement séparés en groupes tout à fait indépendants les uns des autres, comme ont déjà tenté de le faire si souvent des doctrinaires à préjugés et des voyageurs *dilettanti* (2). »

(1) Hartmann, *Les peuples de l'Afrique*, trad. franç. (Germer Baillère). Conclusion, p. 255, 256.
(2) *Ibidem*, p. 5.

M. Hartmann avait accepté tout d'abord les théories toutes faites pour la classification des peuples africains : les catégories classiques de race caucasique, sémitique, hamitique, indo-européenne lui avaient été présentées comme devant suffire à tout essai de coordination des différents groupes humains. C'est avec ce bagage et ce qu'il appellerait volontiers lui-même « ces préjugés d'école », que M. Hartmann aborda l'étude de l'ethnographie africaine sur le sol même de l'Afrique. Là, en présence des types mêmes qu'il voulait classer, et au choc de la réalité, le doute s'éveilla dans son esprit ; il lui parut que la simplification prétendue des anciennes théories n'était qu'un élément de plus de confusion dans une matière déjà si confuse : « Je reconnus bientôt l'insuffisance de nos idées de races caucasique, sémitique, hamitique, aryenne, indo-européenne, touranienne, pour déchiffrer le problème si compliqué des relations des peuplades de l'Afrique septentrionale et la nécessité d'ouvrir à l'investigation d'autres voies que celles qui ont été suivies jusqu'à ce jour (1). » Il cherche alors le salut dans une manière de doute systématique, et rejetant toutes les traditions, faisant table rase de tous les systèmes et des idées préconçues, il s'applique à créer sa méthode. De toutes les idées trop facilement reçues par lui jusqu'alors, deux surtout sont vouées à une proscription sans merci. Il ne leur pardonne pas d'avoir été longtemps un invincible obstacle à

(1) Hartmann, *Les peuples de l'Afrique*, p. 10.

l'édification d'une théorie fondée sur les faits; il y voit un germe fatal d'erreur : « 1⁰ Il faut mettre un frein aux théories d'immigrations sémitiques, écarter les origines hamitiques comme un bagage inutile, limiter l'élément caucasique à l'Europe et aux Européens, et confiner les Aryens en partie aux inscriptions cunéiformes et aux Indiens; 2⁰ il faut enfin sacrifier un fétiche scientifique, je veux dire un Nègre fantastique, d'un noir bleuâtre, à la chevelure laineuse et à la tête carrée. Il faut voir les Africains chez eux (1). »

Cette œuvre de déblaiement accomplie, il lui reste encore à fixer sa méthode : c'est l'observation appliquée aux types vivants, aux monuments du passé, à tous ses vestiges, aux œuvres de l'art et à toutes leurs reproductions. Il étudiera les « matériaux vivants, les cadavres, les squelettes, les crânes, les fresques, les reliefs, les bustes et les statues de l'Égypte ancienne qui sont les créations caractéristiques de l'art national dans son enfance, et dont les détails bizarres facilitent les recherches historiques ; les tableaux des artistes éminents qui sont une source inépuisable d'observation (2) », l'œuvre des Vernet, des Gérôme, des Gentz, des Richter, des Makart, les reproductions de la photographie. Ainsi il réussira à créer autour de lui comme une représentation factice, mais très fidèle du monde africain dans son infinie variété, ressuscité à différentes époques de son histoire.

(1) Hartmann, *Les peuples de l'Afrique*, p. 256.
(2) *Ibidem*, p. 11.

Ce plan arrêté, cette conception générale admise, et sa croyance établie à l'existence d'une race africaine distincte, irréductible, M. Hartmann ne pouvait se montrer accommodant pour les auteurs qui ont cru à l'immigration en Afrique de races étrangères. M. Müller qui s'est appliqué à porter dans cette théorie de l'immigration une précision rigoureuse, qui est allé jusqu'à vouloir en établir la chronologie, devait plus que tout autre subir les effets de cette divergence de vues. M. Hartmann ne lui fait pas grâce. Il rend justice au zèle avec lequel ll a coordonné les matériaux ethnographiques recueillis dans l'expédition de la frégate la *Novara*, à son mérite éprouvé comme linguiste; mais il lui reproche son ignorance des sciences naturelles qui l'expose à de graves méprises; il le raille surtout de son respect superstitieux pour les vieilles classifications de race caucasique, de souche sémitique ou hamitique. « Selon M. Fr. Müller, les Égyptiens ne seraient pas des Africains; ce seraient bien plutôt des Caucasiens... Il oppose le Cafre au Nègre! »

Enfin M. Müller manque de connaissances en anatomie; il n'y a aucun progrès à espérer en anthropologie et en ethnographie sans cette préparation nécessaire; aussi peut-on regarder comme mal venue et sans mérite sa description physique du Nègre, du Fulah, du Nubah (1).

(1) Dr Robert Hartmann, *Die Nigritier, eine anthropologisch-ethnologische Monographie*. mit 52 lithographischen Tafeln....., Berlin, 1876, p. 94, 95.

La critique des systèmes et la réfutation des opinions de ses devanciers tiennent une grande place dans l'ouvrage de M. Hartmann « *Les Nigritiens.* » Le caractère de M. Hartmann paraît se complaire dans cette œuvre de destruction en détail et dans ces querelles de plume. Il y a beaucoup plus cependant qu'une étude critique ; c'est aussi un ouvrage de doctrine, et l'auteur y expose sa théorie avec une largeur de vues et un luxe de preuves vraiment dignes d'éloges. On pourrait diviser le premier volume de son ouvrage (le seul paru) en deux parties : l'une (1) consacrée à l'étude historique des peuples africains dans leurs diverses manifestations à travers les âges, depuis l'époque préhistorique jusqu'à notre temps ; l'autre (2) s'appliquant plus spécialement à la description de ces mêmes peuples, à l'examen de leurs rapports et de leurs différences. Ces deux parties qui se complètent heureusement sont précédées d'un rapide aperçu (3) sur la distribution des races dans le continent africain. C'est là que nous trouverons comme la substance du système de M. Hartmann.

Selon lui, on peut diviser pour l'étude des races le continent africain en deux parties : l'Afrique au sud et l'Afrique au nord de l'Équateur. Leur importance est inégale, comme la difficulté même que présente leur étude.

---

(1) Comprenant les chap. III, IV, V, VI, VII et VIII.
(2) Ch. IX.
(3) Ch. II.

Au sud de l'Équateur s'étendent deux grandes familles de peuples : les Hottentots et les Buschmans *(Khoi-Khoi-n* et *Sân)*, d'une part ; de l'autre, les peuples vulgairement appelés Cafres. M. Hartmann, suivant en cela Bleek, Fritsch et autres monographes, désigne les Cafres sous le nom de *A-Bantu* et rattache à cette famille les *Ama-Xosa*, les *Ama-Zulu* les *Be-Tsuana*, les *Ova-Herero* ou *Damara*. Il est, à peine nécessaire de faire remarquer qu'il admet entièrement les arguments par lesquels G. Fritsch établit la différence essentielle, au point de vue physique, entre les Cafres et les Européens, et leur rapports avec les Nègres.

Le nord de l'Afrique semble attirer davantage les sympathies et la curiosité de M. Hartmann, qui le connaît mieux, qui en a exploré quelques parties. Il paraît s'y attacher d'autant plus que le sujet présente plus de difficultés et que l'embarras de la question y est à son comble. C'est là d'ailleurs qu'il peut faire spécialement l'épreuve de sa théorie, la justifier et l'établir ; car sur ce théâtre il a affaire aux divers peuples que les partisans de l'immigration lui disputent et revendiquent comme originaires de l'Asie. Aussi applique-t-il à la description de cette moitié du continent africain tout l'effort de sa critique et toutes les ressources de son érudition.

Il distingue dans la partie de l'Afrique au nord de l'Équateur trois grands groupes de peuples différenciés par certains caractères typiques, liés pourtant les uns aux autres d'une manière étroite par un grand nombre de caractères intermédiaires qui ménagent entre eux une transition.

Le premier de ces groupes occupe le nord de l'Afrique, de la mer Rouge au Wadi Nun, des bords de la mer Méditerranée à la lisière méridionale du Sahara ; ce sont les *Berbers*, ou *Maʒigh*, ou *Imosagh ;* ils forment une fraction à couleur claire. M. Hartmann enferme dans ce groupe les *Retu*, ou anciens Égyptiens, les *Néo-Égyptiens* (Fellahs et Koptes), les *Imosagh* proprement dits, les *Maures* et les *Kabyles*, les *Berabra* ou Nubiens. Ces derniers forment par les *Teda* et les *Nobah* la transition de ce groupe à couleur claire aux Noirs véritables.

Le second groupe habite les côtes, les hautes terres de l'Abyssinie et certaines plaines au sud et à l'ouest de ce pays. Il est répandu aussi dans le Soudan oriental. On lui donne souvent le nom d'*Éthiopiens*. M. Hartmann préfère la dénomination de *peuples Béjah*. Il y comprend les *Abyssiniens* proprement dits, les *Soho* ou *Saho*, les *Danaqil*, les *Bejah*, et les différents peuples vulgairement appelés Arabes purs de l'Hedjaz, Bedouins nomades de la Nubie, du Sennaar, d'une partie de l'Afrique centrale. Les représentants de ce groupe sont de couleur foncée ; cette couleur tire tantôt sur le noir, tantôt sur le jaune ou le rouge ; les cheveux sont le plus souvent droits ou très peu frisés.

Le troisième groupe occupe le Soudan tout entier et toutes les autres régions du continent, jusque sur l'Équateur et les grands lacs, de la côte de Zanzibar aux bouches du Niger et du Zaïre. Ce sont les *Noirs* ou *Nigritiens*. Il faut ranger dans ce groupe les nombreux peuples distribués dans l'intérieur de l'Afrique, dont la couleur va du brun noir au noir bleuâtre, et dont les cheveux, malgré leurs variétés de longueur et de nature, présentent le caractère commun d'une apparence laineuse. Les traits des Berbers et des Bejah se rapprochent plus ou moins du type européen; ceux des peuples du troisième groupe sont l'expression de ce que le langage vulgaire désigne sous le nom de type nègre.

Sur les limites de ces trois groupes, il convient de placer comme intermédiaires et comme échelons de transition un certain nombre de peuples, tels que les *Tebu* ou *Teda*, les *Mombuttu, Fan, Fulan,* les *Somali, Gala* ou *Orma*, qui ne se rattachent d'une façon décisive à aucun des trois groupes étudiés plus haut et qui semblent retenir quelque chose de chacun d'eux.

Ce sont là les vrais enfants du sol africain, autochthones, nourris de sa sève, pénétrés sous son influence de communs caractères que les variétés individuelles atténuent à peine sans les effacer. Tout ce qui n'entre pas dans ce cadre est adventice, apporté du dehors; la vie africaine ne l'anime pas; il n'y a pour ces intrus qu'une existence précaire, ils ne font que végéter sur le sol africain. Cet élément étranger, c'est l'élément syro-arabe qui se trouve dans le Magreb et sur la côte de Zanzibar, tantôt en groupes distincts, tantôt fondus dans la masse des Berbers, des Nigritiens, des Çomali, des Orma..., etc.

Nous avons présenté, d'après M. Hartmann, le tableau de la répartition des races africaines. C'est un cadre que la science du professeur berlinois remplit largement au cours des chapitres qui suivent ce rapide exposé. Comme il fallait s'y attendre, toutes les questions se rattachant à l'ethnographie africaine n'ont pas reçu de lui un égal développement : il s'applique surtout, avec une sorte de faveur, à l'examen de celles dont la solution importe au triomphe de son système. C'est ainsi que la race égyptienne, son origine, ses mélanges sont de sa part l'objet d'un long et minutieux examen. Là est, en effet, la clef de toutes les autres questions. L'Égypte tient la porte de l'Afrique ; s'il y a eu immigration dans le cours des âges, c'est par ce seuil que les envahisseurs sont entrés sur le continent africain. Établir l'autochthonie des vieux Égyptiens, n'est-ce pas en quelque façon fermer la porte à l'invasion des théories adverses et leur refuser le champ pour se développer ? Aussi M. Hartmann tient-il à l'indigénat des vieux Egyptiens ; ce sont bien pour lui des Africains *purs (echte Afrikaner)*. La question est capitale ; elle a exercé depuis l'antiquité la curiosité des historiens empressés à recueillir les légendes, la sagacité des érudits modernes appliqués au déchiffrement des textes et à l'interprétation des monuments. Elle a divisé et elle divise encore les meilleurs esprits : Mariette, Ebers, de Rougé cherchent hors de l'Afrique

l'origine des Égyptiens. M. Hartmann les fait descendre des régions de la haute Nubie. C'est comme
un retour au passé ; n'était-ce pas en effet l'opinion
de Diodore que l'Égypte « n'était qu'une colonie
Ethiopienne », que les Ethiopiens s'appliquaient à
établir « leur antériorité relativement à l'Égypte (1) »?

Cette croyance est d'ordinaire désavouée par la
science contemporaine ; l'égyptologie la repousse par
l'organe d'un de ses maîtres les plus écoutés : « On
sait aujourd'hui à n'en pas douter que l'Éthiopie, loin
d'avoir colonisé l'Égypte au début de l'histoire, a été
colonisée par elle sous la douzième dynastie et a
fait pendant des siècles partie intégrante du territoire
égyptien. Au lieu de descendre le Nil, la civilisation
l'a remonté (2). » Y a-t-il entre ces deux opinions un
conflit nécessaire et convient-il de sacrifier l'une à
l'autre? Le désaccord entre la science française et la
science allemande est-il sur ce point irrémédiable ?
L'ethnographie remonte plus haut dans le passé que
l'histoire proprement dite ; est-il impossible qu'un
flot primitif de populations encore incultes et barbares
soit descendu des hauteurs de la Nubie dans la vallée
à peine constituée du Nil, et qu'après s'être développé lentement dans cet admirable berceau de
civilisation, ce peuple ait, à une époque historique,
reporté vers les lieux de son origine la culture éla-
borée sur les bords du Nil inférieur? Ce n'est qu'une
hypothèse ; mais puisque l'heure de la science posi-

(1) Diodore de Sicile, liv. III, ch. VIII.
(2) Maspero, *Histoire ancienne*, p. 13.

tive n'est pas encore venue pour ces questions, il ne saurait être interdit d'ouvrir à l'esprit ces voies multiples où l'exploration peut n'être pas sans profit.

Cet exposé succinct des résultats auxquels sont parvenus les représentants les plus distingués de la science allemande nous a paru avoir son utilité. On voit que si l'ethnographie africaine n'est pas encore arrivée à ce point qu'il soit possible d'en faire un traité exact et complet, quelques lignes générales sont dès aujourd'hui arrêtées. Malgré le désaccord qui divise sur une question essentielle les auteurs spéciaux dont nous avons analysé les théories, il est cependant plus d'un point sur lequel ils sont bien près de s'entendre : ces parties de l'étude du continent africain sur lesquelles l'accord est fait peuvent être considérées comme à peu près acquises à la science. On ajoutera sans doute beaucoup à ce qui a été fait ; il est vraisemblable que l'ensemble des théories relatives à l'Afrique Australe n'en sera pas profondément modifié. Il n'en saurait être de même sans doute de la partie de l'Afrique au nord de l'Équateur. Les études de détail relatives à cette moitié du continent sont déjà infinies ; mais on voit par la diversité des opinions que nous avons rapportées combien on est encore loin de cet accord auquel on reconnaît les problèmes qui ont reçu leur solution définitive. La science française s'est jusqu'ici gardée de tout essai de généralisation sur ce domaine ; elle a laissé à la science allemande cet honneur et ce péril. Il faut d'autant plus s'en étonner que ce genre d'audace est moins dans ses habitudes que dans les nôtres. Félicitons-nous de la réserve de nos savants nationaux, pourvu que cette réserve ne soit pas de l'indifférence, et qu'ils aient à cœur de préparer par de savantes études de détail ce travail d'ensemble qui, mené à bonne fin, suffirait à illustrer une vie d'homme.

LES PEULHS

CHAPITRE I.

Le nom et le domaine de la race.

I.

De tous les peuples africains, il en est peu qui aient de meilleurs titres à l'attention des géographes que les peuples de race Foulah. Il n'en est peut-être pas en effet qui dérobent plus obstinément le secret de leurs origines, qui aient fourni à la fantaisie des théoriciens un thème plus commode et sur le compte desquels on soit moins près de se mettre d'accord. Ces raisons seules donneraient à une étude spéciale de l'opportunité et de l'intérêt. Mais il en est d'autres encore. — Il est rare qu'une race importante et douée d'une forte individualité ne réussisse pas à se constituer au cours de son histoire un domaine d'expansion propre et comme une aire bien délimitée sur laquelle elle se développe exclusivement. Il n'en est pas ainsi de la race Foulah. On ne peut pas dire qu'elle ait son domaine propre ; on ne la trouve nulle part pure de mélange et vraiment chez elle. C'est par infiltration qu'elle s'est fait une place au milieu des populations noires et qu'elle a usurpé une enclave dans le domaine primitif des Nègres, aussi bien sur les bords du Sénégal et de la Gambie qu'au cœur même du Soudan. Cette singularité ne saurait être attribuée au hasard seul et mérite sans doute d'être notée.

Cette race est devenue depuis trois quarts de siècle environ l'objet de la faveur des explorateurs et des savants européens. C'est à peine si au concert des jugements flatteurs une note discordante se mêle çà et là ; il y a eu comme un parti pris de sympathie et d'admiration. Un homme dont les opinions font autorité, qui a tant vu et si bien vu, érudit consommé et observateur pénétrant, Henri Barth, s'est fait l'avocat de cette race ignorée il y a un siècle. D'après l'illustre voyageur, aucun peuple africain ne mérite à un égal degré l'attention de la science ; tout en lui est matière à étonnement et à recherches : son organisation et son histoire, le caractère de sa langue et ses anomalies relativement aux nations voisines ; pour l'intelligence, il tient le premier rang parmi les peuples de l'Afrique centrale ; son développement physique, inférieur à celui des peuples de la même région, est marqué cependant de caractères propres qui lui assignent un rang à part (1).

Il y a moins d'un siècle, ce peuple n'avait pas d'histoire. Disséminé sur de vastes espaces, il était à peine arrivé çà et là à une situation indépendante ; le plus souvent il n'était que toléré. C'est par un mouvement soudain qu'il est passé de l'ombre en pleine lumière, de la condition de nomades ignorés ou méprisés au rôle de dominateurs, de son anarchie primitive à une certaine organisation politique. De pareils sauts ne sont pas sans précédents en histoire ; mais ce qui marque d'un caractère original la soudaine éclosion de ce peuple, c'est que la fièvre de la propagande religieuse a été son ressort unique. Dans des proportions plus grandioses, on a vu la même chose des Arabes ; mais les Arabes se dévouèrent au triomphe d'une idée religieuse qui était leur œuvre, leur création nationale. Les Peulhs se sont enflammés d'enthousiasme pour une religion d'emprunt ; ils l'ont faite leur par la passion de leur propagande ; mais au début ils l'avaient subie comme une conséquence de la conquête et une imposition de la force. Ce trait est certes nouveau et digne d'attention.

L'examen du type physique n'est pas un sujet moins intéressant de recherches. Il y a là pour l'ethnographe un problème difficile, attachant par sa difficulté même. Enveloppés par une population noire, les Peulhs appartiennent à une race toute diffé-

(1) Barth, *Reisen und Entdeckungen in Nord und Central Afrika...* Gotha. Perthes. — 1857. — t. IV, p. 144.

rente ; même sous l'influence des croisements, ils
n'ont pas entièrement perdu leur individualité originelle, et ils ont donné naissance à des types
particuliers, intermédiaires entre la race noire et leur
propre race. Ils ont paru si différents du type convenu
des populations africaines qu'on s'est longtemps
refusé à les considérer comme des Africains véritables.
La question de leur origine a divisé les meilleurs
juges et provoqué les théories les plus diverses. On
a été pendant quelque temps unanime à leur attribuer une origine asiatique, et cette opinion compte
encore aujourd'hui de nombreux partisans. Puis, à
mesure que l'Afrique équatoriale a livré une partie
de ses secrets, que ses populations ont été mieux
connues et que l'ancien type africain, tout de conven-
tion, a été relégué au rang des chimères géographiques,
on s'est demandé si le Peulh n'avait pas naturellement
sa place dans cette variété du monde africain au
même titre que l'ancien Égyptien, l'Éthiopien, le
Nubien, le Mombuttu. Hardiment soutenue par les
partisans de l'unité ethnographique du continent
africain, combattue par les défenseurs des théories
relatives à l'immigration asiatique, cette opinion est
encore tout entière du domaine de la discussion. Ce
problème est loin d'avoir reçu sa solution ; on ne
saurait dire s'il la recevra sûrement un jour. Mais
c'est déjà pour l'esprit une satisfaction et pour la
science un progrès de l'avoir posé et débattu.

L'intérêt scientifique de cette étude est considérable. Il s'en faut pourtant qu'elle ne sorte pas des

limites de la spéculation pure. Par l'importance politique des questions qui s'y rattachent, elle mérite de tenir sa place dans les préoccupations européennes. La France est particulièrement intéressée à bien connaître les Peulhs, à savoir apprécier leur juste valeur, à ne se faire aucune illusion sur la force de leur empire, sur les services que la civilisation peut attendre d'eux, sur le concours qu'ils pourraient apporter à notre œuvre. L'avenir de la politique coloniale de la France en Afrique par le Sénégal, le développement de son influence et de son commerce sont en partie à ce prix. Des bords de l'Atlantique aux rivages orientaux du lac Tchad, et même au delà, la nation européenne qui aura le bonheur d'ouvrir à son profit les marchés du Soudan, trouvera les Peulhs échelonnés sur sa route. Comme les affinités sont plus grandes pour les Européens avec le Peulh qu'avec le Nègre, c'est du Peulh qu'ils doivent attendre un concours plus actif ou une résistance mieux organisée et plus sérieuse; c'est avec lui qu'un commencement d'assimilation sera le moins malaisé, si la religion n'y met pas un insurmontable obstacle (1). Il semble que les avantages de la

---

(1) On peut décidément tenir pour chimérique l'espoir exprimé par K. Ritter (L'*Afrique*, I, 486.), « que les Foulahs seront le premier peuple nègre *chrétien* chez lequel le commerce d'esclaves sera aboli. » — Ritter comptait beaucoup alors sur la propagande faite par la *Society for missions to Africa and the East*, qui faisait imprimer un grand nombre de livres pieux en langue Foulah pour s'opposer au progrès de l'Islamisme.

situation déjà conquise et récemment fortifiée (1)
prédestinent la France à jouer dans le bassin du
Niger et de ses affluents un rôle prépondérant. C'est
donc une étude pratiquement utile que nous entre-
prenons, et ce caractère n'échappera pas à quiconque
a gardé quelque souci de cet intérêt trop négligé de
notre temps, parfois systématiquement méconnu : la
grandeur coloniale de notre pays.

Comme il était naturel, c'est par les Peulhs du
Sénégal que l'Europe est entrée pour la première fois
en relations avec cette race. La plus ancienne mention que l'on ait d'elle dans ces régions remonte aux
premières années du seizième siècle. Il est question
dans l'histoire du Sonrhay (2) d'un chef de Peulhs,

(1) Traité conclu par le capitaine Gallieni avec le sultan Ahmadou.
— Voir la conférence de M. Gallieni à la Société de Géographie
commerciale de Bordeaux (*Revue de Géographie*, juillet 1881).

(2) Nous avions songé d'abord à écrire le mot *Sonrhay* conformément aux principes d'orthographe posés par Barth dans son
ouvrage : *Sammlung und Bearbeitung Central Afrikanischer
Vokabularien*. — (*Gotha, Perthes*, 1862; 1re partie, ch. 3, p. xxxii
à xl;) c'est-à-dire en remplaçant par un *gamma* les lettres *rh*. —
Barth a imaginé d'introduire l'emploi de certaines lettres conven-
tionnelles pour rendre les sons particuliers à quelques langues de
l'Afrique, et que nos langues européennes ne connaissent pas.
Ainsi, il emploie le *gamma* pour figurer un son intermédiaire entre
r et *g*. Ce son varie un peu suivant les pays. Les Arabes ont un
signe pour l'exprimer. En Algérie et dans le Maghreb, il se rapproche plus du son *r* que du son *g*. Aucune combinaison de lettres
ne pouvant rendre en français le son exact du mot *Sonrhay*, il
serait plus simple et plus scientifique de recourir à l'orthographe
conventionnelle proposée par Barth. Elle donne du moins la représentation exacte de la prononciation indigène, et ce mérite suffirait

Dambadumbi, battu vers 1500 par *Mohammed Askia*. Vers 1533, une guerre éclata entre *Mandi-Mansa*, roi de Melli, et *Temala*, que Barros appelle « *Rey dos Fullos* ». Dans la suite, la connaissance que les Européens prennent du peuple nouveau, va se précisant. On le trouve mentionné, étudié chez la plupart des voyageurs qui ont exploré les terrasses sénégaliennes. La France a une part honorable dans ces efforts. Mais tant que le champ de l'étude est demeuré restreint à la région voisine de l'Océan, toute vue d'ensemble était impossible. Il fallait que le domaine de l'observation s'élargît et que des explorations nouvelles ouvrissent le bassin du Niger et le Soudan. Les voyages de Mungo-Park, de René Caillié, de Denham, de Clapperton et de Barth (pour ne rappeler que les grands noms et les dates capitales), ont apporté une ample moisson de documents originaux. Il est possible maintenant d'embrasser du regard le domaine entier dans lequel la race Foulah s'est épanouie, de suivre les étapes de son développement, de voir sur des théâtres divers les vicissitudes et les variétés de la civilisation qui lui est propre. Une étude générale sur les Peulhs, impossible il y a cent ans, prématurée avant les découvertes des trente dernières années, peut être tentée aujourd'hui.

à justifier sa singularité. Mais nous avons craint que cette intercalation d'une lettre grecque ne déconcertât le lecteur français. Cette note permettra d'ailleurs de retrouver la prononciation vraie du mot en question.

II.

Il faut, pour désigner le peuple qui fait l'objet de nos recherches, faire un choix entre plusieurs noms. Il est sans doute peu de peuples qui puissent opposer à celui-ci une variété de noms plus grande. Avant d'en venir aux témoignages des plus récents explorateurs, on doit traverser toute une série d'appellations différentes, au milieu desquelles l'esprit hésite à se fixer. Barros les appelle les « *Fullos* ». Moore rapportant les aventures de Job ben Salomon, Peulh du Fouta-Toro fait prisonnier par les Mandingues, vendu comme esclave et emmené dans le Maryland vers 1730, dit de lui que c'était un *Foulis* (1). Ailleurs il appelle les Peulhs des *Pholeys* (2). — René Caillié écrit toujours les *Foulahs* (3). — M. d'Avezac, résumant en 1829 cette variété de noms, disait (4) : « Ces peuples que le vulgaire désigne sous les noms divers de *Fellâtas, Foulahs, Fouleys, Peules,* se donnent eux-mêmes le nom de

(1) Walckenaer, *Hist. générale des Voyages*, IV, p. 3 et *seq.*

(2) *Ibid*, IV. 143.

(3) René Caillié, *Journal d'un voyage à Temboctou et à Jenné, dans l'Afrique centrale*, 1824 à 1828. — 3 vol. in-8°. Paris. Imprimerie Royale, 1830.

(4) D'Avezac, *Note sur l'apparition nouvelle d'un prophète musulman en Afrique.* (Nouveau Journal Asiatique, IV, 1829, p. 191 et note.)

Félans. » — Cette dernière assertion est une erreur.
M. d'Avezac déclarait tenir ces renseignements sur le
vrai nom des « *Félans* » d'un voyageur originaire de
Saint-Domingue, Duranton, qui fit un séjour de
plusieurs années chez le roi du Kassou, se familiarisa
avec la langue, les manières et les mœurs des indigènes, et finit par épouser la fille de ce prince (1). Il
faisait remarquer que cette assertion concordait tout
à fait avec les documents arabes rapportés par
Clapperton. « Ces peuples y sont nommés au pluriel
Félan, forme qui est aussi celle du pluriel de *Bey-*
dhân (les blancs), et *Soudân* (les noirs) » (2). Clapperton hésite entre les deux formes *Felan* et
Fellatahs. « La tribu des *Felan,* que nous avons
jusqu'ici (à tort) nommés *Fellatahs...* » (3). Les
Lander emploient, avec la forme *Foulah,* la forme
Foulanies. — M. d'Eichthal, dans sa monographie
des Foulhas (4), qui reste, malgré l'étrangeté de
certaines conclusions, une étude digne d'être
consultée, ne se prononce pas entre les formes
Foulahs, Fellans et *Fellatahs.* Il se trompe d'une
façon grave, mais excusable pour son temps, quand

(1) Cf. Anne Raffenel, *Voyage dans l'Afrique occidentale,*
exécuté en 1843 *et* 1844. Paris, Bertrand. 1846. 1 vol. in-8⁰,
p. 111, note.

(2) D'Avezac, *ibid.*

(3) Cité par d'Eichthal, *op. cit.,* p. 2, note.

(4) *Histoire et origine des Foulahs ou Fellans,* par Gustave
d'Eichthal ; ap. *Mémoires de la Société Ethnologique,* tome I,
2⁰ partie.

il écrit (1) : « En résumé, les noms divers *Felans, Fellans, Felanies, Foulanies,* paraissent être simplement le pluriel des noms *Foul, Peul* (ou *Feul ?*)..., etc., etc. » Il est plus près de la vérité quand il dit que vers le commencement du siècle on désignait sous le nom de *Fellatahs* les Foulahs du Soudan (2).

A voir cette diversité de témoignages, on ne sait tout d'abord où trouver la raison d'un choix. Les recherches de Barth ont heureusement débrouillé ce chaos.

La forme fondamentale est *Pul,* qui signifie « brun clair, rouge », en opposition avec *Olof,* « noir » (*w-olof, y-olof*). — La forme du singulier est *Pul-o,* c'est-à-dire « *le Pul* » ; la forme du pluriel, *Pul-be,* c'est-à-dire « *les Pul* ». L'adjectif est *Pul-de* (3). — Une autre forme du pluriel du nom, couramment employée, et dont Barth use constamment dans la relation de son voyage, est *Fulbe.* Il dit : « un *Pullo* et les *Fulbe* » (4). Tel est le nom sous lequel ce peuple se connaît lui-même.

Mais les différents peuples avec lesquels il s'est trouvé en contact n'ont pas adopté, sans lui faire subir quelque déformation, la dénomination nationale. De là, en partie, cette grande variété. C'est ainsi que la forme *Fulah,* ou *Fula,* employée et popularisée par le missionnaire Reichardt, qui l'a

---

(1) Gustave d'Eichthal, *op. cit.,* p. 2, note.
(2) *Ibid.,* p. 3.
(3) Barth, *Vokabularien...,* 2ᵉ part., p. cx.
(4) Barth, *Reisen und Entdeckungen...* IV, 144.

donnée pour titre à ses travaux (1), est la forme usitée chez les Mandingues. Les habitants des États Haoussa disent les *Fellani* (2). En Kanuri, le mot devient *Fellata* (3). Les Arabes disent les *Fullan*. Dans tout le Soudan oriental, la forme *Fellata* a prévalu (4). L'assertion de d'Eichthal citée plus haut se trouve donc en partie justifiée.

Ces différentes formes ont toutes des rapports communs. Il en est d'autres qui, s'écartant entièrement de ce type, n'ont rien à voir avec le radical national, et qu'il convient de rappeler pour mémoire. C'est ainsi que dans le Kororofa, on désigne les Peulhs sous le nom d'*Abate* (5), « les blancs » ; et que les Mussgu les appellent *Tschogtschogo* (6).

En définitive, le radical *Pul* ou *Ful* doit servir à désigner la race dont nous nous occupons. Suivant les régions particulières où on l'a observée et les peuples qui ont été en rapports avec elle, ce radical a subi de légères variations ; c'est ainsi que les

(1) Barth, *Vokabularien...*, 2ᵉ part., p. cx.

(2) Au singulier : *Bá-Fellantschi*, (Barth, *Reisen*, IV, 144).

(3) *Kanuri* est le véritable nom national du peuple et de la langue du Bornou. Ce nom n'a rien à voir, comme étymologie, avec la ville de Kano ; la forme primitive du mot était *Kanemri*. — Le mot *Bornu* ou *Borno* est relativement récent ; on le trouve employé pour la première fois par Ebn Batuta, au milieu du xivᵉ siècle. (*Barth. Vokab.*, 1ʳᵉ partie, p. xl.)

(4) Barth, *Reisen....*, III, 386.

(5) Waitz, *Anthropologie der Naturvœlker*, II, 447, d'après Kœlle.

(6) Barth, *Reisen.. *, III, 164.

Wolofs disent les *Peules* (1), et qu'au témoignage du missionnaire Boilat, notre peuple « est le seul qui se dise *Poulou* » (2). La forme *Peulh*, fréquemment employée dans les ouvrages français relatifs au Sénégal (3), semble avoir acquis droit de cité dans notre langue. Nous l'avons choisie de préférence à la double forme *Pullo* et *Fulbe* employée par Barth, parce que cette différence essentielle entre le singulier et le pluriel, étrangère au génie de notre langue, nous a paru de nature à déconcerter un lecteur français.

Il y a plus : les formes *Peulh, Peule, Poule, Poul* ont été toujours spécialement employées dans la région sénégambienne. Or cette région a joué un rôle important dans l'histoire des migrations de la race. On sait aujourd'hui qu'il ne faut pas chercher là son berceau ; mais elle y a trouvé, au cours de son évolution en Afrique, un théâtre pour son développement ; c'est de là qu'elle s'est répandue vers l'Orient, dans le bassin du Niger et le Soudan central et oriental. Il n'est donc pas hors de propos de faire un grand cas de la forme du nom qui s'est

(1) Boilat, *Esquisses sénégalaises*, Paris, 1853. I. 384.

(2) *Ibidem.*

(3) La forme *Peulh* n'est pas la seule dont les écrivains français se soient servis. Pour ne parler que des formes qui s'en rapprochent le plus, Mollien dit : les *Poules ;* — Raffenel, les *Peuls* et les États *Foulahs ;* — Hecquard, les *Peulhs ;* — Boilat, les *Peules;* — le général Faidherbe, les *Pouls.* — Nous adoptons la forme et l'orthographe admises par Hecquard, *Voyage sur la côte et dans l'intérieur de l'Afrique occidentale.* Paris, gr. in-8o, 1853.

perpétuée dans la région sénégambienne. Aussi dirons-nous : un *Peulh* et les *Peulhs*, pour désigner soit l'individu, soit le groupe. Pour ne pas rompre brusquement avec l'usage, nous continuerons à dire : la race *Foulah*, l'empire *Foulah*. S'il y a dans l'admission à titre égal de ces deux termes d'origine diverse une certaine contradiction, on nous accordera du moins qu'elle est inoffensive et que la clarté de notre étude n'y perd rien.

III.

X Il n'est pas facile de déterminer exactement les limites de la région sur laquelle les Peulhs se sont répandus. Suivant la remarque judicieuse de Waitz, il est peu de pays où on les trouve seuls ; peut-être même n'en est-il aucun. Dans certains pays où on a constaté leur présence, on ne saurait dire s'ils forment, ou non, la partie la plus considérable de la population, ni dans quelle proportion ils y figurent. Enfin on pourrait peut-être soutenir sans paradoxe qu'il n'y a plus depuis longtemps de Peulhs véritables et de race pure, tant leurs rapports avec les Nègres ont été intimes et nombreux (1). Il faut pourtant déterminer l'aire géographique sur laquelle, pure ou non de tout mélange et plus ou moins

(1) Waitz, II, p. 447.

affectée par ces rapports, la race Foulah s'est répandue.

De l'océan Atlantique aux limites du Dar-four, de la lisière du Sahara à la chaîne des monts de Kong, on trouve très inégalement répartis des représentants de la race Foulah. Ils sont donc disséminés dans un « vaste quadrilatère d'une longueur moyenne de 28 degrés et d'une largeur moyenne de 7, qui représente par conséquent une surface de plus de 700,000 milles géographiques : environ la sixième partie de l'Afrique et le quart de l'Europe » (1). Encore dans ce calcul les limites orientales du développement des Peulhs sont-elles fixées au Bornou et au Mandara. Si on les étend au Bagirmi et au Wadai, on peut dire que la race Foulah se retrouve, avec une densité très variable, dans les trois grandes régions du Soudan occidental, de la Guinée septentrionale et du Soudan central. La superficie des deux premières régions est de 1,993,046 kilomètres carrés, celle de la troisième, de 1,714,983 kilomètres carrés (2). C'est donc sur un immense domaine de près de 3,800,000 kilomètres carrés que les Peulhs se sont développés. Il va sans dire qu'ils n'occupent d'une manière effective qu'une partie très restreinte de cette aire ; mais dans toutes les directions et presque sur tous les points, ils ont poussé des recon-

---

(1) D'Eichthal, p. 3.

(2) Dr E. Behm et Wagner, *Die Bevœlkeruug der Erde*. VI. (*Mittheilungen, Ergænʒungsheft* n° 62. — 1880. p. x, 66 et 67.)

naissances, laissé des postes d'occupation ou posé les jalons d'un développement futur.

C'est par un mouvement de l'ouest à l'est qu'ils se sont répandus dans toute cette zone de l'Afrique moyenne (1). Il convient donc de suivre, pour signaler leurs principaux foyers, une marche analogue.

La région sénégambienne est comme la vraie patrie africaine des Peulhs : c'est de là qu'ils ont gagné peu à peu le Soudan central ; c'est là qu'ils ont le mieux conservé leur organisation primitive, et, à ce qu'il semble aussi, la force numérique la plus considérable. On trouve les Peulhs comme appoint important de population dans le Dimar, où ils vivent avec les Wolofs et les Toucouleurs ; dans le Damga, avec les Toucouleurs et les Soninkés ; dans le Djolof, qu'ils se partagent avec les Wolofs (2). Ils forment la population du Khasso, état autrefois puissant, formé par des colonies de Peulhs du Fouta-Djalon, écrasé aujourd'hui entre le Bondou et le Kaarta, ravagé par les invasions des Bambaras (3). Dans le Diagara, petit étaf sur la rive gauche de la Gambie inférieure, non loin de son embouchure, les

(1) M. d'Eichthal soutient l'opinion diamétralement opposée. (Voir *op. cit.*, p. 4, 65, 145.) Il attribue à la migration primitive des Peulhs une direction E. O. — Cette théorie est aujourd'hui tout à fait abandonnée. Nous reviendrons sur ce point, quand nous traiterons de l'origine des Peulhs.

(2) Faidherbe, *Chapitres de Géographie sur le N.-O. de l'Afrique*, (Saint-Louis, 1864), p. 23 et *seq.*

(3) Faidherbe, *ibid.* p. 25, 26. — Raffenel, p. 297.

Peulhs forment la moitié de la population ; l'autre moitié se compose de Mandingues (1).

Mais c'est surtout dans les quatre États, qui ont gardé le nom de la race, que les Peulhs sont restés prédominants : le Fouta-Toro, le Fouta-Bondou, le Fouladou et le Fouta-Djalon (2). — Le Toro est habité par des Toucouleurs, des Peulhs et quelques Wolofs. — Le Bondou, sur la rive gauche de la Falémé, en face du Bambouk, est peuplé de Toucouleurs et de Peulhs, et gouverné par un Almamy, qui réside avec la permission du gouvernement français dans l'ancien fort de Sénoudébou (3). D'après Gray et Dochard, la population du Bondou comprend encore des Mandingues, des Sarracolets et des Wolofs ; mais les mœurs des Peulhs sont dominantes, et leur langue y est parlée à l'exclusion des autres (4). — Le Fouladou est une région encore peu connue. Toutefois l'analogie des noms et la rude existence de chasseurs que mènent ses habitants ont déterminé certains auteurs à voir dans ce pays la patrie même des Peulhs (5). C'est là, en effet, qu'ils semblent s'être le moins mêlés à d'autres

(1) Hecquard, *op. cit.*, p. 148.

(2) Barth écrit : *Futa-Dẕalo*. — Il surmonte le ẕ d'un petit signe en forme de croissant. Cette orthographe conventionnelle a pour objet de « représenter le *j* français, comme dans *jour*. » (*Vokabularien*, IIᵉ part., p. xxxviii et xl.) La prononciation indiquée est donc exactement rendue par notre : *Fouta-Djalon*.

(3) Faidherbe, *op. cit*, p. 29.

(4) Walckenaer, VII, 163.

(5) Waitz, *op. cit*, II.

peuples; mais cette théorie ne soutient pas l'examen.

S'il pouvait être question pour les Peulhs d'une patrie d'élection dans la région sénégambienne, ce serait bien plutôt en faveur du Fouta-Djalon. Leur établissement dans ce pays ne remonte pourtant pas à une date reculée. C'est seulement dans la seconde moitié du siècle dernier que les Peulhs, sous la conduite d'une famille originaire du Massina, firent la conquête du Fouta-Djalon. Gray et Dochard, qui visitèrent ce pays en 1821, apprirent de la bouche même des conquérants qu'ils étaient maîtres de ce pays depuis 60 ans (1). Ils en chassèrent les aborigènes Djalonkés. Le pays n'en continua pas moins à porter pendant quelque temps le nom de *Djalonk*, qui devint peu à peu *Djalon ;* enfin un nom composé associa le souvenir des vaincus à celui des vainqueurs, et *Fouta-Djalon* signifia, d'après Gray et Dochard, le pays des *Foulahs du Djalon*. Cette région de hautes montagnes qui est comme le réservoir où s'alimentent tous les cours d'eau du Soudan occidental et d'une bonne partie de la Guinée septentrionale, coupée par de fertiles vallées, est devenue pour les Peulhs occidentaux comme une terre d'élection. Ils y ont prospéré; leur organisation sociale et politique y a jeté des racines profondes ; de là, dominant les terrasses qui s'abaissent vers l'Océan ou vers le Niger, ils ont peu à peu donné à

(1) Walckenaer, VII, p. 160. — Faidherbe, *op. cit.*, p. 26 et 27.

leur race une plus grande extension. C'est le vrai boulevard de leur puissance dans la région séné-gambienne. De ces hauteurs, ils sont descendus en conquérants sur la Cazamance depuis 1840, et ils ont étendu leur influence religieuse sur les bords des deux rivières de Saint-Domingue et de Geba ; le Rio Nunez lui-même a été atteint (1). Sur le littoral, leurs établissements sont plus rares ; on en trouve cependant quelques-uns dans le Sierra Leone (2) et aux environs du cap des Palmes (3). Sur le revers oriental des monts qui soutiennent le Fouta-Djalon, et au nord des monts de Kong, dans le pays des Mandingues, on retrouve partout les Peulhs, mais Peulhs et Mandingues ne se mêlent pas. Ils vivent côte à côte dans les mêmes villages, sans se pénétrer ; leurs habitations réciproques sont soigneusement

---

(1) *Bulletin de la Société de Géographie*, 1851, II, p. 416.

(2) Richard et John Lander, *Journal d'une expédition entreprise dans le but d'explorer le cours et l'embouchure du Niger*, trad. de Louise Belloc (Paris, 1832, 3 vol. in-8°), I, p. 326.

(3) Golberry, *Voyage de 1785 à 1787*, *ap.* Walckenaer, V. p. 416. « La nation des Foulahs est répandue depuis le 4° parallèle Nord jusque sur les bords méridionaux du Sénégal, et elle a fondé plusieurs colonies qui sont devenues des royaumes. Sur les bords septentrionaux de la rivière de Mesurade, ces nègres sont connus sous le nom de *Foulahs-Sousous* ou *Susos*. On les retrouve encore sous le même nom dans les montagnes de la chaîne de Sierra-Leone, sur les rives du Scherbroo, du Rio-Sestos, aux caps de Monte et des Palmes.... Le corps de cette nation, sous son nom propre de *Foulahs*, occupe un grand territoire vers les sources du Rio-Grande, sous le 10° parallèle Nord, et entre le 5° et le 12° mé-ridien oriental de l'Ile de Fer. »

-distinctes. Dans le Soulima et le Koranko, sur le revers S.-E. du plateau du Fouta-Djalon, les Peulhs ont des villes fortifiées, telles que Falaba et Kamato (1). Caillié dit avoir vu dans la partie S.-E. du pays des Mandingues, notamment à Wassallah, des établissements de Peulhs (2). Mais cette affirmation du voyageur français doit être tenue pour suspecte : il nous apprend que ces tribus ne parlent point la langue des peuples de race Foulah ; qu'il a vainement cherché à découvrir si elles ont une religion, si elles adorent des fétiches, la lune, le soleil ou les étoiles. « Je ne les ai vus pratiquer aucun culte, et je crois qu'ils vivent insouciants à ce sujet et ne s'occupent que très peu de la divinité. » On ne retrouve là aucun des traits caractéristiques des Peulhs. — Enfin sur le cours moyen du Niger, dans le royaume de Massina, les Peulhs forment la population dominante. Ils exercent une pression très lourde sur les grandes villes, par exemple sur Djenné.

Bien que tout nous autorise à admettre que les Peulhs se sont répandus de l'ouest à l'est par un mouvement continu, nous croyons devoir distinguer un second centre d'expansion dans le bassin moyen du Niger : c'est le royaume de Gwandou et Sokoto. L'importance politique à laquelle se sont élevés dans la première moitié du XIXe siècle les états Foulahs du Soudan central suffit à justifier notre division.

(1) Waitz, *op. cit.*, II.
(2) Caillié, *op cit*, p. 445. — Caillié écrit : « *Ouassolo.* »

L'établissement des Peulhs dans le bassin moyen du Niger et dans la riche région comprise entre le Niger et le Tchad est déjà ancien. S'il faut en croire les Fellani-n-Haoussa, leurs premières migrations dans le Haoussa remontent aux premières années du XVIᵉ siècle. Peut-être sont elles plus anciennes encore ; mais dès cette époque les Peulhs sont assez nombreux et assez puissants dans les parties orientales du bassin moyen du Niger pour exercer une influence prépondérante dans les luttes dynastiques, particulièrement dans les luttes que se livrèrent les successeurs du premier Kanta (1). Leur infiltration dans ces régions ne ressemblait en rien à ce que notre siècle a vu de leur marche conquérante ou de leur politique astucieuse d'envahissement. Ils s'introduisirent comme *berrorodji*, ou pasteurs, gagnant chaque jour du terrain, préparant le progrès du lendemain par un établissement silencieux, mais définitif. C'est ainsi qu'on a vu les pionniers de l'Amérique du Nord s'avancer dans les parties occidentales de leur continent. Tantôt comme bergers, tantôt comme cultivateurs et amis, les Peulhs se sont plus ou moins répandus sur tous les pays Nègres. Ils pénètrent de bonne heure dans le Bornou, et pendant longtemps ils n'y ont qu'une situation inférieure. C'est seulement dans la seconde moitié du siècle dernier qu'ils engagent la lutte contre les rois de Bornou et deviennent pour eux de redoutables adversaires.

(1) Barth, *Reisen*, IV, 151.

De la région entre Niger et Tchad comme centre, les Peulhs ont rayonné à la fois sur le Bas Niger et les pays situés sur la rive gauche du fleuve, et sur les États qui s'échelonnent à l'est du Tchad, jusqu'au Dar-Four. Comme il est impossible d'assigner une date exacte à chacun de ces empiètements, dont les uns sont tout récents, les autres anciens d'un ou de deux siècles, nous en présenterons le tableau par région.

Du côté sud-ouest du Haoussa, dans le royaume de Noupé, les grands du pays appartiennent pour une part à la race Foulah. Tous comprennent et parlent le *Fulfulde.* Cependant l'invasion du Noupé est moins complète que ne l'a été celle des royaumes de Gwandou et Sokoto. Il n'y a plus dans le Noupé de Peulhs nomades (1). Rohlfs en a trouvé au contraire un grand nombre dans la région entre le Niger et Ilori. C'est dans le premier quart de ce siècle que des bandes de Peulhs se sont répandues dans le Noupé, le Borgou et toute la contrée comprise entre le Niger et la mer. Lors de son second voyage, Clapperton trouve à chaque pas des traces de leur passage ; il est marqué par des dévastations et des incendies. Les Peulhs infestent le pays jusqu'aux environs de Katounga (2). A cette époque, ils sont encore païens ;

(1) Rohlfs, *Reise von Kuka nach Lagos.* — (*Mittheilungen, Ergænzungsheft,* No 34, p. 90, 95.)

(2) Clapperton. *Second voyage dans l'intérieur de l'Afrique pendant les années* 1825, 1826, 1827, — *suivi du voyage de Richard Lander, de Kano à la côte maritime* (trad. par Eyriès et de la Renaudière). Paris, 1829, 2 vol. in-8o. — I, p. 78, 119, 121.

mais Clapperton n'hésite pas à les rattacher à la même nation que les « Fellatah musulmans, puisqu'ils parlent la même langue, qu'ils ont les mêmes traits et la même couleur » (1). Clapperton en signale un grand nombre sur la route de Boussa à Katounga, et dans le royaume de Borgou, province de Kiama ; à Ensoukousou, à Leogalla, ce sont des femmes Peulhes qui lui offrent du lait à boire. — Dans l'Yorouba, les Lander trouvent de nombreux villages de Peulhs : Chaadou, Kousou, Lazipa, Bohou, Acba sont les plus importants (2). A Acba, l'établissement des Peulhs n'était pas de fraîche date. Les Peulhs d'Acba étaient tous nés dans cette ville et y avaient été élevés. L'époque de l'arrivée de leurs ancêtres était si reculée, suivant eux, que les Lander ne purent obtenir aucun renseignement précis à cet égard. « Enfants du sol, » ils avaient conservé la langue de leurs pères et la simplicité primitive de leurs mœurs. Les frères Lander recueillirent la seule tradition qui se fût perpétuée sur l'origine du groupe Foulah d'Acba. D'après elle, tous les Peulhs d'Acba, quoique très nombreux, n'auraient formé qu'une seule famille. Leur premier ancêtre se sépara de ses amis, de ses proches, et s'exilant de son pays natal vint s'établir dans l'Yorouba avec ses femmes, ses enfants, ses troupeaux. Ses descendants se marièrent entre eux. Fiancés les uns aux autres dès l'enfance,

(1) Clapperton, *op. cit.*, I, 185.
(2) Richard et John Lander, *op. cit.*, I, 191, 201, 208, 216.

ils élargirent ainsi le cercle de la famille primitive dont les liens n'étaient pas encore rompus au commencement de ce siècle (1).

S'il faut en croire les frères Lander, la présence des Peulhs dans le Borgou ne serait pas moins ancienne. Ils sont dispersés, disent-ils, sur toute la surface du territoire de Borgou, où ils existent depuis un temps immémorial. Ils parlent la même langue et se livrent aux mêmes occupations que les Peulhs voisins de Sierra-Leone; mais ils n'ont pas la moindre idée de leur origine ni de l'époque où leurs ancêtres abandonnèrent pour la première fois leur terre natale. Ils n'ont aucune relation avec leurs compatriotes du Haoussa (2). On ne peut méconnaître que tout semble témoigner de l'antiquité de l'établissement des Peulhs dans ces régions. Les Lander insistent sur le caractère pacifique de leurs mœurs, qui contraste avec l'exaltation belliqueuse dont les Peulhs de la rive gauche du Niger donnaient alors l'exemple. Il semble qu'assis depuis plusieurs générations dans leur nouvelle patrie, les Peulhs de la rive droite s'étaient fait, depuis longtemps, avec des intérêts particuliers des mœurs propres, ou qu'ils étaient restés plus fidèles, dans leur isolement, au type moral primitif de la race.

Les groupes de Peulhs paraissent devenir de plus en plus rares à mesure que l'on s'approche de la mer. A Badagry, à l'est de Whydah, les Lander ne

(1) Richard et John Lander, *op. cit.*, I, 278, 284.
(2) Lander, I, 326.

trouvèrent qn'un Peulh, avec lequel ils traitèrent pour leur provision quotidienne de lait de vache. Il était mahométan, et aussi scrupuleusement attaché que le *mallem* aux préceptes de sa religion (1).

Depuis les voyages de Clapperton et des Lander, la proportion des éléments Peulhs s'est encore accrue dans ces régions. La prospérité de ces pays a tenté la convoitise des Peulhs conquérants de Sokoto ; ils ont peu à peu étendu leur pouvoir dans le Noupé, dans le Borgou, dans l'Yorouba. C'est le sultan Alim qui établit le premier la domination des Peulhs sur l'importante ville d'Ilori (2). Sa dynastie s'est perpétuée dans l'Yorouba, et en 1867, Rohlfs a trouvé son petit-fils, Djebero, sultan d'Ilori. Peulh d'origine, Djebero était pourtant entièrement noir, et, comme tous les Peulhs qui se sont emparés des royaumes nègres, mahométan (3).

On ne sait rien de certain sur la présence et la répartition des Peulhs dans la contrée qui s'étend au nord du Dahomey, entre les monts de Kong et le Niger, dans le Mossi, le Gourma, etc., etc. Duncan a traversé ces régions en 1846. S'il fallait en croire son témoignage, la population de ces états se composerait en proportions égales de Mandingues et de Peulhs, et les Peulhs seraient les maîtres du pays. Mais l'autorité de Duncan a été ruinée par les critiques

(1) Lander, I, 67.

(2) Behm et Wagner (*Die Bevœlkerung der Erde...* II, 1874, p. 90) attribuent à Ilori une population de 70,000 habitants.

(3) Rohlfs, *Reise von Kuka...*, p. 95.

de Barth, et on ne peut tenir son témoignage pour
un document scientifique. La question reste donc
entière (1).

Le bassin inférieur du Niger n'a pas échappé à
l'action des Peulhs. En 1850 et 1851, le Peulh
Amba-Ssambo (2) se rendit célèbre par ses expéditions sur le royaume d'Igbo. Ses incursions eurent
pour effet d'étendre jusqu'au golfe de Bénin non
seulement l'influence, mais dans une certaine mesure,
la domination des vainqueurs. Ils se trouvèrent
ainsi en contact avec les populations de la côte.
Trompés par les apparences et par quelques analogies de costumes, de mobilier, d'ustensiles, ils
regardèrent ces populations comme à demi-chré-
tiennes. Barth trouva plusieurs centaines de ces
prétendus chrétiens dispersés dans l'Adamaoua. Cette
confusion a fait le plus grand tort aux chrétiens
dans l'esprit des Peulhs.

Comme ils ont franchi le Niger, du côté du
Borgou et de l'Yorouba, les Peulhs ont franchi le
Binoué vers le sud. Leurs progrès dans le Kororofa

(1) Barth (IV, 571, note) fait observer que pas un seul des
noms rapportés par Duncan n'appartient à la langue des Peulhs. Il
reproche à Duncan l'incroyable rapidité avec laquelle il a accompli
son voyage, rapidité tout à fait incompatible avec les conditions
d'un voyage en Afrique (distances de 44 milles par jour). Il ajoute
que si les pays traversés par Duncan avaient été peuplés de Peulhs,
une race aussi soupçonneuse ne lui eût pas permis de traverser le
pays en courant, et sans s'y arrêter.

(2) C'est le même personnage que Barth trouva comme gouverneur à *Tschamba*, dans l'Adamaoua. (Barth, II, 606.)

sont rapides. Barth déclarait que si le gouvernement anglais ne s'interposait à bref délai, ils auraient bientôt en leur pouvoir le Kororofa tout entier (1). Le Foumbina a été envahi ; il a perdu son nom avec son indépendance ; les Peulhs l'ont appelé *Adamaoua*, en l'honneur du *mallem* Adama, père du gouverneur que Barth trouva dans le pays. Adama avait été assez heureux pour fonder un royaume Peulh e musulman sur les ruines de plusieurs petits royaumes païens, dont le plus important était celui de Kokomi (2). L'Adamaoua porte partout les traces de l'influence prépondérante des Peulhs ; l'ancienne capitale, *Gurin,* a été dépossédée, et la capitale nouvelle, *Yola,* a pris le nom d'un quartier de Kano.

Bien qu'ils n'aient pas réussi à dominer politiquement dans le Bornou, les Peulhs n'y sont pas moins représentés comme un élément ethnographique important. Au sud du Tchad, aux environs de la ville de Ngala, Barth est surpris de trouver dans un village, qui appartenait au *mallem* Talbaï Ssami, des Peulhs mêlés à des Kanoris (3). Vers le sud-ouest du Bornou, les Peulhs pèsent lourdement sur le Logone. Lors de l'expédition chez les Mussgu, à laquelle Barth prit part, le chef du village de Wasa, dans le Logone, était Peulh (4).

(1) Barth, II, 694.
(2) Id., II, 598.
(3) Id., III, 236.
(4) Id., III, 271.

Le Bagirmi a échappé à la domination des sultans de race Foulah ; mais les Peulhs y ont pénétré de longue date comme immigrants. Barth entendit raconter par un patriote du village de Bakada, dans le Bagirmi, le récit des luttes au prix desquelles les Bagirmiens avaient repoussé les Peulhs qui voulaient fonder une Djemmara dans leur pays (1). Lorsqu'au XVIe siècle, la famille qui devait donner le premier souverain au Bagirmi, vint, comme la famille princière du Wadai, d'une contrée orientale peu éloignée, sous son chef réel ou supposé *Dok-kenge*, elle s'établit d'abord à l'est de Massénja, à Kenga. L'emplacement sur lequel s'élève aujourd'hui Massénja, était occupé par une misérable colonie de Peulhs pasteurs. Le nom de la nouvelle capitale en perpétue le souvenir. Il rappelle le grand tamarinier *(Mass)*, sous lequel une jeune fille Peulhe, nommée *Enâ*, vendait du lait. A cette époque déjà les colonies Peulhes du Bagirmi étaient converties à l'Islamisme, tandis que les indigènes et les nouveaux venus étaient païens. L'influence exercée par la colonie qu'établit à Bidderi (à 9 milles à l'est de Massénja) un cheik Peulh, vénéré pour sa sainteté, contribua fortement à la propagation de l'Islam dans ce pays (2).

Dans le Wadai, il y eut aussi, à une époque inconnue, des migrations de Peulhs. Le savant

(1) Barth, III. 301.
(2) Id., III, 386 et seq.

Peulh que Barth trouva à Massénja et dont il appréciait hautement les mérites, Faki Ssambo, était né dans le Wadaï méridional où ses parents, de la tribu Peulhe des *Fittobe,* avaient émigré (1). Un des Européens qui ont le mieux connu le Wadaï, M. Fresnel, cite les « *Fellatah* » parmi les familles africaines libres de ce pays. Dans le principe, les Peulhs y étaient, comme partout à l'origine, tenus en médiocre estime. Ils y sont aujourd'hui nombreux et considérés, surtout vers le sud. Bien que M. Fresnel présente le Wadaï comme « le lieu de transition entre la zone tropicale et la zone équatotoriale, entre celle des Arabes et des Berbers et celle des Nègres proprement dits », bien qu'il veuille y voir « le lieu où ont dû se rencontrer, où ont pu s'arrêter les tribus émigrant d'Occident en Orient, et celles qui émigraient en sens inverse » (2), le Wadaï ne marque pas le terme du mouvement d'expansion des Peulhs vers l'est. On en trouve au Dar-Four, surtout vers l'ouest, où ils sont très répandus et très redoutés comme sorciers et nécromanciens. On a pour eux une grande estime, parce que seuls ils savent extraire le métal des mines. Ils se poussent par leurs hautes qualités à la puissance et aux dignités (3). M. d'Eichthal veut trop prouver

(1) Barth, III, 331.

(2) Mémoire de M. Fresnel sur le Wadaï (*Bulletin de la Société de Géographie,* 1849), I, p. 21, 22.

(3) Notice sur le Dar-Four, par le Dᴿ Cuny (*Bulletin de la Société de Géographie,* 1854), II, 114, 116.

quand il s'efforce d'établir qu'il y a des « affinités indubitables » entre les Peulhs et les *Fouraoui*, ou habitants du Dar-Four (1). D'après cet auteur, c'est lors de leur première immigration en Afrique, que les Peulhs auraient traversé ces contrées dont ils se sont peu à peu retirés. Ils n'ont laissé aucune trace de leur passage dans le type physique, puisque les habitants actuels du Dar-Four offrent tous les caractères d'une race nègre pure. Mais on peut retrouver des vestiges certains de leur migration dans le langage. M. d'Eichthal croit que la langue des Fouraoui contient un certain nombre de mots qui se retrouvent dans le langage des Peulhs. Il en a relevé jusqu'à cent vingt. Pour douze de ces mots, l'identité lui paraît certaine (ce sont les mots qui signifient : mère, maison, main, barbe, lèvres, cuisse, brebis, chèvre, pierre, maïs, vert, taureau. « Le nom même de *Fouraouis* » lui paraît « identique avec celui de *foulahs* ou *foulani*, moyennant le changement si commun de *l* en *r.* » Bien plus encore : « La trace de leur présence est restée dans le nom de la contrée, *Dâr-Four, pays des Four,* ou *Foul.* »

Les combinaisons philologiques de M. d'Eichthal et les résultats qu'il veut en tirer n'ont aucune valeur aux yeux de la science. Nous les rappelons parce qu'ils ont eu leur heure de crédit à une époque où les études de ce genre n'avaient pas encore été

(1) *Notice sur le Dar-Four*, par le Dr Cuny, *op. cit* , p. 64, 65.

portées au degré de précision qu'on exige d'elles aujourd'hui.

Dans le système de M. d'Eichthal, il était nécessaire de rechercher dans des régions de l'Afrique plus orientales encore les traces du passage des Peulhs. C'est ainsi qu'invoquant des ressemblances de noms sans doute fortuites, il signale au-dessus de Shendy, « sur la limite du Sennaar et de la Nubie, vers l'extrémité du territoire de Méroé, et à 5 degrés est du Dar-Four, » deux endroits appelés l'un *Gherri* sur le Nil, et l'autre *Naga*, « deux mots Foulahs qui signifient *ville* et *bœuf.* » Ce sont à son avis les deux points extrêmes qui indiquent la présence des Peulhs à l'est (1).

Théodore Waitz serait pourtant disposé à admettre une extension plus orientale encore. Il lui semble que l'analogie des noms permet de rapprocher des Peulhs les *Felâti*, que Werne a signalés sous le 5° de latitude N. à l'ouest du Nil Blanc; peut-être même les *Filâwi* que Brun-Rollet a trouvés sous le 8° de latitude N. à l'est de ce même fleuve. Brun-Rollet représente les Filâwi « comme des cultivateurs à peau rouge dont les mœurs paisibles et l'état de civilisation contrastent avec la sauvagerie de leurs voisins. Ils labourent la terre avec des charrues et cultivent même le blé. Les musulmans de Fadassi les regardent comme des coreligionnaires » (2).

---

(1) D'Eichthal, p. 65, note.

(2) Brun-Rollet, le *Nil Blanc et le Soudan.* Paris, 1855, p. 110.

Cependant la pensée d'une assimilation des Filâwi avec les Peulhs n'est pas venue à l'esprit de Brun-Rollet qui voit plutôt en eux une « colonie de Juifs, émigrés peut-être pendant les premiers désastres du peuple de Dieu. » Waitz frappé surtout de la similitude des noms et de la réputation de musulmans faite à ces peuples n'en persiste pas moins dans son assimilation : d'après lui, « l'ensemble de ces données est plutôt favorable que contraire à une pareille hypothèse. »

Nous nous en tiendrons aux données incontestées qui paraissent limiter au Dar-Four l'expansion des Peulhs vers l'orient du continent africain. S'il est vrai qu'il faille rattacher au tronc principal ces tribus projetées au loin vers l'est, il faut reconnaître du moins qu'elles ne paraissent avoir gardé aucun souvenir de leur origine, et que ces enfants perdus, dont les caractères primitifs semblent effacés, peuvent être négligés sans préjudice pour l'ensemble de la race.

Il n'en est pas de même des familles oubliées, il y a peut-être des siècles, sur le chemin de la grande migration. Si les Peulhs du Dar-Four forment l'extrême avant-garde, les groupes signalés par Barth dans le Tuat forment l'arrière-garde. Ils marquent un salon important sur la route parcourue. « Il y a dans le Tuat beaucoup de familles nègres établies là depuis longtemps. Elles appartiennent principalement à la race Foulah » (1).

(1) Barth, I, 275.

Ainsi, du Tuat au Dar-Four, le développement de la race Foulah dessine un arc immense. Il s'en faut, comme nous l'avons indiqué déjà, que la densité de cette population jetée au milieu de races aborigènes soit partout la même. Elle s'est constitué, sur ce domaine d'élection, comme deux centres, deux foyers principaux, d'où elle a rayonné sur les pays environnants, la région sénégambienne et le Soudan central. Partout ailleurs, principalement à l'est du Tchad, au sud des monts de Kong et du Binoué, on la retrouve éparse çà et là, par groupes sporadiques. Son mouvement d'expansion paraît maintenant arrêté, du moins vers l'est; peut-être se continue-t-il insensiblement vers le littoral de la Guinée septentrionale. Mais il est permis de penser que cette expansion se bornera désormais à des effets insignifiants. La race paraît avoir atteint les limites du grand bassin qui a servi dans notre siècle de théâtre à sa fortune : le Soudan occidental, le Soudan central et la Guinée septentrionale.

CHAPITRE II.

Type physique. — Mélanges avec différents peuples.

I.

On ne saurait se flatter de retrouver survivant encore quelque part le type Peulh dans toute sa pureté (1). On en est réduit à le reconstituer d'après les éléments qui s'en sont conservés en dépit des croisements. Les Peulhs ont subi un double croisement : avec les Nègres, avec les Blancs. Mais on peut admettre, avec Waitz, que le mélange d'éléments de race blanche n'a produit que des modifications peu importantes. La déformation du type

---

(1) Mollien reconnaît (en 1818) que « cette grande nation des Poules, ou *hommes de couleur rouge*, n'existe presque plus. » Les débris en sont dispersés dans le Djolof, le Cayor, le Salum où ils mènent la vie nomade de leurs ancêtres. Un bien petit nombre en a conservé la couleur. (Mollien, *Voyage dans l'intérieur de l'Afrique, aux sources du Sénégal et de la Gambie, fait en* 1818, 2 vol. in-8°, Paris, 1820; I, 275.)

s'est accomplie sous l'influence des éléments nègres.

L'opinion que les Toucouleurs se font de la dignité respective de la coloration de la peau, en noir ou en cuivré (bronze rouge), peut être regardée comme un indice de ce que fut le type primitif, de ce qui est resté pour eux le type idéal. Les Toucouleurs cuivrés occupent dans la hiérarchie sociale un rang plus élevé que les Toucouleurs noirs ; ces derniers sont employés comme manœuvres. D'ailleurs, les mêmes qualités physiques et morales paraissent se retrouver au même degré chez les uns et les autres. Le mélange de sang noir est la seule cause de la distinction qui les sépare (1). La couleur noire est à leurs yeux un signe d'infériorité, de déchéance (2).

Il est impossible de suivre pas à pas à travers les âges la série des modifications qu'a dû subir le type primitif jusqu'à l'époque contemporaine ; les documents ne remontent pas, nous l'avons déjà vu, au delà du XVIᵉ siècle. Encore faut-il reconnaître que ces questions de type physique, analysé dans le détail et scientifiquement déterminé, étaient alors à peine entrevues. Un nom, la mention d'une guerre,

(1) Boilat, p. 391 ; cité par Waitz.

(2) « Les Foulahs considèrent tous les nègres comme leurs inférieurs, et quand ils parlent de différentes nations, ils se rangent toujours dans la classe des *Blancs*. » (Mungo Park, *Voyage dans l'intérieur de l'Afrique, fait en* 1795, 96, 97 ; traduit par Castéra ; Paris, an VIII, 2 vol. in 8º, I, 92.)

le souvenir d'un traité, voilà tout ce que le XVIᶜ siècle nous a légué au sujet des Peulhs. Il y a un siècle à peine que des renseignements plus précis ont été recueillis, et le champ de notre observation exacte et directe n'embrasse que cette période restreinte. Étudions ces témoignages dans leur ordre chronologique, pour saisir, s'il est possible, des transformations ou dégager un type distinct.

On ne trouve pas de caractères bien précis dans *l'Histoire curieuse du Foulah ben Salomon,* dont Moore et Bluet ont raconté les aventures. La taille de Job était de cinq pieds dix pouces; il avait les cheveux longs, noirs, naturellement frisés, fort différents par conséquent de ceux des Nègres (1). Ce dernier trait, le seul véritablement important, mérite d'être retenu.

De 1785 à 1787, Golberry eut plus d'une fois l'occasion d'observer les Peulhs. La couleur de leur peau est, dit-il, d'un *noir rouge ;* leurs traits sont réguliers; ils ont les cheveux plus longs et moins laineux que le commun des Nègres. Cette couleur *noir rouge* est propre aux « Foulahs de la grande nation, ceux dont Timbo est la capitale »; ceux qui « sous le nom de Foulès ou de Peulhs » peuplent les bords du Sénégal entre Podor et Galam sont d'une couleur *noire cuivrée* (2).

Mungo-Park les a vus de 1795 à 1797. « Les

(1) Walckenaer, *Hist. des voyages,* IV, 1 à 18.
(2) Golberry, *ap.* Walckenaer, V, 417, 418.

Foulahs, dit-il, ceux au moins qui habitent près de la Gambie, ont la peau d'un noir peu foncé, les cheveux soyeux et les traits agréables » (1). Ailleurs, il ajoute : « Les Foulahs sont plutôt basanés que noirs ; ils ont de petits traits et des cheveux soyeux. Je dois avouer que leur couleur n'est pas partout égale. Dans le royaume de Bondou et dans les autres états voisins du pays des Maures, ils ont le teint plus clair que dans les contrées méridionales » (2).

Quelques années plus tard, vers 1821, Gray et Dochard ajoutent quelques traits nouveaux aux observations antérieures. Ils représentent les « Foulahs » du Bondou comme étant de taille moyenne, bien faits et actifs. Leur peau est couleur « *cuivre clair* » ; de tous les peuples de l'Afrique occidentale, les Maures exceptés, ce sont eux qui ont dans la physionomie le plus de ressemblance avec les Européens. Leurs cheveux sont plus longs que ceux des noirs ; leurs yeux plus grands, plus ronds et d'une couleur plus agréable, ont aussi plus d'expression (3).

René Caillié constate que les « Foulahs » ont le teint couleur marron un peu clair, la figure belle, le front élevé, le nez aquilin, les lèvres minces, la forme de la tête presque ovale ; « en un mot, leurs traits se rapprochent de ceux des Européens ». D'après le voyageur français, chez les Peulhs du Fouta-Djalon,

---

(1) Mungo Park, I, 26.
(2) *Ibid.*, I, 91, 92.
(3) Gray et Dochard, *ap.* Walckenaer, VII, 163.

le teint marron clair est un peu plus foncé que celui
des Peulhs nomades. Une remarque de Caillié est
faite pour surprendre ; car elle paraît en contradiction avec les témoignages antérieurs. « La seule
ressemblance qu'ils aient avec les Mandingues sont
les cheveus crépus » ; et ailleurs : « Ils ont les
cheveux crépus comme les Nègres » (1). Caillié n'y
a point regardé d'assez près ; il a pris pour des
cheveux crépus les cheveux soyeux ou un peu
laineux des Peulhs. Il s'est gravement mépris sur un
des caractères distinctifs les plus importants de la
race. Quelques années avant Caillié, Mollien écrivait
dans la relation de son voyage : « Les Poules du
royaume du Bourb-Yolof ont tous de longs cheveux,
un peu laineux » (2).

Raffenel, qui a visité l'Afrique occidentale pendant les années 1843, 1844, est plus complet et
plus précis que ses prédécesseurs. Il regarde les
Peulhs comme un peuple original, tenant le milieu
par leur teint entre les Maures et les Toucouleurs.
Il définit leur couleur « *brun teinté de rouge* » (3).
Leur nez, dit-il, moins épaté que celui des Nègres,
est cartilagineux, caractère particulier à la race
caucasique qui manque à la race éthiopique ;
leurs lèvres minces, leur visage ovale, leur front
plus large et leur angle facial moins aigu en font

(1) Caillié, I, 276, 277, 328.
(2) Mollien, I, 140.
(3) Raffenel, 263.

bien évidemment une race à part. Le caractère de
la chevelure des Peulhs a été pour cet observateur
bien préparé l'objet d'une attention spéciale. Il
constate que ces cheveux « ne sont point plats et
unis, comme ceux des individus de race mongo-
lique ; ils sont moins laineux que ceux des Nègres,
plus longs et disposés ordinairement en nattes, qui
leur donnent, vus d'un peu loin, l'apparence *soyeuse*
dont parle Mungo-Park » (1). — Le missionnaire
Boilat, qui a étudié de près les Peulhs de la région
sénégambienne, signale chez eux des cheveux longs
et épais, approchant un peu de la laine, des traits
presque européens, une couleur de bronze rouge,
des lèvres moins épaisses que celles des Wolofs, un
nez un peu allongé, une taille médiocre, mais bien
prise et aisée (2). Le docteur Bayol dit des Peulhs
du Fouta-Djalon : « ils sont grands et minces, leurs
cheveux sont peu crépus, leur barbe, rouge brun ou
plus foncée, est rare » (3).

Tous les témoignages que nous avons rapportés
jusqu'ici ont trait aux Peulhs de la région sénégambienne ou du bassin supérieur et moyen du Niger.
Les voyageurs qui les ont étudiés dans le Soudan
ne contredisent pas les observations précédentes.

(1) Raffenel, 265.

(2) Boilat, *Esquisses*...., p. 385.

(3) *Revue des Deux-Mondes*, 15 décembre 1882, p. 910. Le
D⟨r⟩ Bayol croit à l'existence du type « Poul pur » au Fouta-Djalon,
malgré de nombreux mélanges avec les Djalonkès. Il l'appelle le
« *Poullotigui.* » *Ibid* , p. 911.

Denham écrit : « Les Fellatah sont de beaux hommes ; leur couleur est bronze foncé. » — « Ils ont beaucoup de ressemblance par leurs traits, par leur manière de porter le turban avec les habitants de Tétouan dans le Maroc » (1). — Les traits généraux dont Barth et Rohlfs dépeignent cette race répondent parfaitement à ce que nous en ont déjà appris les voyageurs sénégambiens. Il semble cependant que le type se soit conservé moins altéré dans la région sénégambienne. Raffenel insiste sur le soin avec lequel les Peulhs du Kassou, par exemple, veillent au maintien de la pureté de la race des gouvernants. Il fait observer en outre que la polygamie elle-même n'est pas un obstacle au maintien de la pureté du type ; car la femme seule transmet la noblesse du sang. Les chefs du pays ne consentiraient pas à l'alliance d'un homme d'une classe inférieure avec une fille de sang royal. Quant aux alliances des hommes de la classe privilégiée avec des femmes de la classe commune, elles ont beau être fréquentes, elles n'ont aucun effet sur la fixité du type ; car les enfants qui en sont le produit suivent la condition de leur mère et se voient écartés de tout exercice de l'autorité (2).

Il faut ajouter une raison d'un ordre plus général. La proportion numérique des Peulhs est bien plus considérable dans la région sénégambienne que dans

---

(1) Denham, I, 309 ; II, 347.
(2) Raffenel, p. 112, 113.

le Soudan central. Disséminés sur des pays aussi
étendus que les royaumes de Sokoto et Gwandou,
ils ont subi d'une manière plus significative l'influence des éléments nègres. Rohlfs va jusqu'à dire
qu'ils « semblent absorbés par la population
noire » (1). Cette observation suffit à rendre raison
des divergences qui paraissent séparer quelques
voyageurs d'une égale autorité et d'une scrupuleuse
conscience. Ainsi, tandis que les chefs Peulhs du
Kassou, chez lesquels des préjugés aristocratiques
mettent à l'abri d'une altération rapide la pureté du
sang, ont des traits plus réguliers, des membres
mieux proportionnés et d'un galbe plus fin que ceux
des autres nègres (2), Barth résumant les impres-
sions de son voyage signale une altération profonde
du type, suivant l'âge de l'individu : « J'ai souvent
remarqué que le type masculin chez les Foulbe est
très beau jusqu'aux environs de vingt ans. Alors il
prend peu à peu une expression simienne qui détruit
entièrement les traits véritablement caucasiques qui
leur sont souvent particuliers dans leurs premières

---

(1) Rohlfs, *Reise durch Nord Afrika von Tripoli nach Kuka*,
1865, 1867. (*Mittheilungen, Ergænzungsheft,* n° 25, p. 67. col. I.)

(2) Raffenel, p. 112. — M. Trémaux, qui a vu les Peulhs dans le
Soudan oriental, écrit : « Ce peuple, bien que d'origine sémitique,
par son teint, diffère peu du nègre ; sa chevelure tient le milieu
entre la chevelure laineuse du nègre et la chevelure du blanc ; ses
traits le rattachent aux peuples sémitiques, quoique laissant voir
une certaine tendance au type nègre. » (*Voyage en Éthiopie, au
Soudan oriental et dans la Nigritie,* II, 8.)

années » (1). Il arrive même que, d'un pays à l'autre, dans le Soudan central, le type subit des modifications sensibles, suivant les circonstances spéciales dans lesquelles s'est développé et vit tel ou tel groupe. Ainsi, dans l'Adamaoua oriental, Barth trouva des Peulhs qu'il représente avec les caractères suivants : petite taille, petits traits, front haut, petites mains et petits pieds, taille mince, ressemblance médiocre avec leurs hautains compatriotes de l'ouest (2). — Ceux des environs de la capitale avaient tous un extérieur plus noble et plus digne. Barth crut d'abord à une différence de race, tout au moins de tribu. Une expérience plus longue lui apprit que cette différence était l'effet des conditions spéciales dans lesquelles ce groupe s'était maintenu. Établis à une très grande distance du siège du gouvernement et forcés de lutter sans relâche pour vivre, ils ne s'étaient pas encore élevés de leur état de pasteurs à la conscience de leur rôle de réformateurs et de conquérants. Leur couleur n'était pas la couleur *rhubarbe* qui caractérise les Peulhs du Fouta ; ce n'était pas non plus le teint des Torodos, « mais un teint plus foncé, se rapprochant du *chocolat au lait* des Français » (3).

Il y a toujours beaucoup de vague dans ces épithètes destinées à donner l'impression du teint particulier à telle ou telle race d'hommes. En attendant

(1) Barth, II, 544.
(2) *Ibid.*, II, 477.
(3) *Ibid.*, II, 477.

qu'une gamme de couleurs soit établie, dans laquelle chaque nuance aurait son numéro d'ordre et sa représentation coloriée (1), on doit se résigner à l'à peu près (2). Au lieu de parler directement aux yeux et de donner la sensation vraie de telle ou telle variété de teint, il faut multiplier, avec les auteurs, les épithètes et les rapprochements. Rohlfs, voulant mettre sous les yeux de ses lecteurs le teint des Peulhs de Kouka, écrit : « C'est un teint qui va sur le blanc, pour lequel nous n'avons en allemand aucun terme précis ; ce n'est ni le blanc de la race caucasique, ni le jaune des Malais, ni le rouge des aborigènes de l'Amérique. Cette couleur, qui distingue tous les Fellata, comme les Arabes qui habitent le Soudan depuis des siècles, par exemple

(1) C'est ce qu'a fait Gustave Fritsch (*Die Eingeborenen Süd-Afrikas*) pour les Hottentots, les Bushmen et les Cafres. Il a dressé une table où toutes les nuances du teint sont notées.

(2) Nachtigal (*Sahara u. Sudan*, I, 427), rapporte que les Arabes qui vivent dans le Soudan ont imaginé une *échelle* de couleurs pour distinguer les différentes nuances de la peau. Ce système a fini par acquérir une valeur généralement reconnue dans tous les pays de l'Afrique septentrionale intérieure. Les Arabes et les habitants du Soudan l'appliquent, paraît-il, avec une sûreté remarquable. Nachtigal l'a soigneusement relaté. Il déclare cette échelle de couleurs bien supérieure à celle que Cailliaud a donnée pour les habitants du Sennaar, et qui a été, de la part de R. Hartmann, l'objet des plus sérieuses critiques. — L'échelle de couleurs appliquée par les Arabes aux populations du Sahara oriental et du Soudan a 7 degrés ; elle va du blanc au noir, en passant par cinq nuances intermédiaires. (Voir pour le détail : *Nachtigal*, I, 428). L'auteur n'a pas eu l'occasion de dire à quel degré les Arabes plaçaient le teint des Peulhs.

les Schoua, est un bronze clair. Les Français ont pour cela un terme spécial : basané » (1).

Clapperton a écrit : « Leur teint n'est pas plus bronzé que celui des Espagnols ou des Portugais de la classe inférieure ι (2).

Si l'on considère l'opinion que les Peulhs ont de leur propre race, on est frappé de ce fait qu'ils n'hésitent jamais à se rattacher à la race blanche. Leur croyance à cet égard est aussi formelle qu'elle est générale (3). Devant les Nègres ils tirent vanité de leur prétendue qualité de *blancs*, leur nom de *Fulbe* (les jaunes, les bruns) ne les distinguant pas assez profondément de cette race noire qu'ils regardent comme née pour l'esclavage. Dans le Kororofa, on les appelle *Abate* (les blancs) (4). Ils sont en réalité les *hommes jaunes* ou les *hommes blancs*, suivant leur rapport de voisinage. Il ne faut pas oublier en effet à quel point l'exactitude de ces épithètes est relative. Stanley, après avoir traversé le *continent noir*, fut comme effrayé de la pâleur des premiers Européens qui s'offrirent à lui : c'étaient des Portugais. Alors sans doute il n'eût pas marchandé à des Peulhs le titre de blancs.

Lorsque Clapperton voulut s'enquérir des traditions relatives à la mort de Mungo-Park, on lui dit que l'illustre voyageur parvint sur les bords du Niger « au

(1) Rohlfs, *Reise.... nach Kuka*, p. 67, col. I.
(2) *Second voyage...* I, 185.
(3) D'Eichthal, *Hist. et origine des Foulahs....*, p. 66.
(4) Kœlle, ap. Waitz.

temps où les Fellatah avaient pris les armes et rava-
geaient le Gouber et le Zamfra ; le sultan de Boussa
attaqua ces blancs, ne doutant pas qu'ils ne fussent
l'avant-garde de l'armée des Fellatah qui dévastait le
Soudan sous le commandement de Malem-Danfo-
dio » (1).

Raffenel raconte que pendant son second voyage,
il courut dans le Kaarta un assez grand danger. La
couleur de son compagnon de voyage, M. Panet, en
était le prétexte. Des malveillants purent prétendre
avec toute vraisemblance qu'il était Peulh du
Massina, et qu'il était envoyé à Saint-Louis pour
demander des secours au gouverneur du Sénégal (2).
— Mollien avait déjà écrit, trente ans auparavant :
« Parmi les Poules, j'ai rencontré souvent des
hommes presque aussi blancs que je le suis » (3).
Aussi s'explique-t-on assez mal le fait raconté à ce
propos même par le même auteur : « L'étonnement
des Poules fut sans exemple à ma vue ; une femme
prétendit que j'habitais sans doute le fond de la
terre ; car, ajouta-t-elle, je n'ai jamais vu des
hommes d'une couleur aussi étrange que celle-là ;
et, finissant par pousser un cri d'effroi, elle se couvrit
le visage avec sa pagne et s'enfuit » (4)

Un fait sur lequel tous les auteurs sont d'accord,
c'est la supériorité du type féminin sur le type mas-

(1) Clapperton, I, 261.

(2) Raffenel, *Rapport au Ministre de la Marine*, 22 août 1848,
p. 26.

(3) Mollien, I, 113.

(4) *Ibid.*

culin chez les Peulhs. C'est surtout chez les femmes
que la différence éclate entre le type nègre et le type
Peulh. « Les femmes des Peulhs sont spirituelles et
belles, » dit Golberry (1). Gray et Dochard sont
d'avis « que leurs femmes peuvent rivaliser avec les
Européennes pour la beauté, les traits du visage ;
elles sont plus délicates et plus vives que les
négresses ; leur démarche, quoique étrange aux yeux
des Européens, ne manque ni de majesté ni d'élégance » (2). Les frères Lander sont très frappés, à
différentes reprises, de la beauté des femmes Peulhes.
« Nos séduisantes amies, les jeunes filles Fellanes,
sont encore venues ce matin nous apporter du
lait » (3), écrivent-ils dans leur journal à Acba.
« Elles sont si modestes, si réservées, toute leur
conduite annonce tant de délicatesse qu'elles exci-
tèrent en nous un profond sentiment de respect.
Elles ont de beaux yeux, noirs comme du jais,
brillants comme le diamant, de longs cils aussi
luisants que les plumes du corbeau, des traits réguliers, quoique avec le teint cuivré ; leurs formes sont
élégantes, leurs mains petites et potelées » (4). —
Dans le Fouta-Djalon, Hecquard est frappé de la
beauté de la sœur de l'almamy : « Agée de vingt-
cinq ans à peine, cuivrée plutôt que noire, ayant des
traits tout européens et une grâce parfaite, cette

(1) Walckenaer, V, 417.
(2) *Ibid.*, VII 163, 164.
(3) Lander, I, 284.
(4) *Id.*, I, 278.

femme est assurément une des plus jolies qu'on puisse voir » (1). — Boilat reconnaît que les femmes Peulhes sont les plus belles du Sénégal ; elles ont la figure régulière, une taille mince et délicate, de beaux yeux, la voix douce et tendre (2). Le docteur Bayol écrit que les jeunes filles Peulhes du Fouta-Djalon sont « gracieuses, même belles parfois ; leurs seins fermes et d'une forme remarquable, les épaules bien faites, les bras aux extrémités fines, les jambes et les cuisses plutôt fortes que maigres montrent la beauté et la pureté de cette race » (3). Mais le voyageur français est forcé de reconnaître que ces charmes se fanent vite et disparaissent rapidement après les premières couches. A trente ans, ces femmes sont vieilles et prennent de la corpulence. Cette déformation rapide, que le climat et le genre de vie suffisent peut-être à expliquer, peut aussi passer pour un effet de l'infusion du sang nègre. Cet avantage du type féminin se conserve également dans le Soudan central. Après avoir signalé la perversion que subit vers la vingtième année le type masculin, Barth fait observer que le sexe féminin au contraire « conserve en général plus longtemps sa grâce et ses charmes » (4). Au Bornou, sur le marché de Kouka, les femmes Peulhes sont particulièrement recherchées à cause de leur teint clair et de leur beau

(1) Hecquard, p. 228.
(2) Boilat, *Esquisses...*, p. 385.
(3) *Revue des Deux-Mondes*, 15 décembre 1882, p. 915.
(4) Barth, II, 544.

visage; on les paie de 120 à 240 francs (1). Le docteur Bayol décrit de la façon suivante ce qu'il croit appeler le « *pur type Peulh* ». Le Peulh « est d'une taille élevée et bien prise. Son physique est agréable; en général, il n'est pas gros. Le thorax a une forme trapézoïdale, les muscles sont bien développés. Les cheveux très noirs, à peine laineux. Le crâne est dolicocéphale; le front est assez élevé, fuyant vers les tempes. Les sourcils sont très épais; les cils très longs, soyeux, voilent des yeux fendus en amande, très beaux, très doux, à l'expression un peu sauvage (yeux de gazelle). La couleur des yeux, ou mieux de l'iris, est d'un jaune brun foncé. Le nez, quelquefois droit, est le plus souvent légèrement épaté. La bouche est assez grande; les lèvres, charnues, sont sensuelles. Le menton est rond, allongé. Les oreilles petites ont un lobule peu allongé et sont bien plantées. Les mains sont fines; les doigts longs et déliés. Les pieds, généralement petits, ont le gros orteil nettement séparé des autres doigts, qui sont plantés. Ces hommes sont de grands marcheurs; ils font souvent 80 kilomètres du lever au coucher du soleil. Le mollet n'est pas en général proéminent. Le cou-de-pied est un peu fort et le talon fait une saillie. Les Peulhs n'ont pas les dents admirables des Ouolofs; généralement les incisives de la mâchoire supérieure sont cariées chez eux; le

(1) Rohlfs, *Reise... nach Kuka*, p. 59, col. I.

système pileux est peu abondant. Ils sont plutôt maigres que gras » (1).

De tous les auteurs dont nous avons analysé les témoignages, Mollien est certainement celui dont la science contemporaine, en classant les matériaux infiniment variés de l'ethnographie générale, a le plus complétement confirmé les vues. Mollien insiste en effet sur ce fait que les Peulhs sont à l'origine des *hommes de couleur rouge* (2). Ce type primitif est allé s'altérant par les croisements. Déjà au commencement du siècle, les *Poules noirs* étaient plus nombreux que les *Poules rouges* (3) et « la race des *Poules rouges* diminuait sensiblement de jour en jour » (4). — « Partout les Poules s'unirent avec les peuples noirs qu'ils avaient conquis ; aussi leur race a disparu presque en entier, pour faire place à une autre race composée d'hommes rougeâtres ou noirs ; ceux-ci eurent des demeures fixes et prirent en partie les mœurs des Nègres » (5). Ainsi, dans la pensée de Mollien, les Peulhs primitifs offrent deux caractères principaux : ce sont des *hommes de couleur rouge* et des *nomades*.

L'anthropologie contemporaine, dans sa classification des différents types humains, admet l'existence, au centre du continent africain, d'un type

(1) *Revue des Deux-Mondes*, 15 décembre 1882, p. 914.
(2) Mollien, I, 275.
(3) *Id.*, I, 289.
(4) *Id.* II, 184.
(5) *Id.* I, 276.

rouge. Ce type se détache d'une façon si décisive au milieu des populations noires environnantes, de la mer Rouge au Sénégal, qu'il est nécessaire de l'y considérer comme un type particulier (1). A ce type, il convient de rattacher une partie des Barabras actuels de la vallée du Nil au-dessus de la première cataracte, les El-Akmar décrits par Cailliaud dans les plaines de Sennaar, une partie des Danakils, peut-être les Himyarites, bon nombre de tribus riveraines du Bahr-el-Ghazal. Il est possible même que cette nuance se trouve dans des groupes de populations sur les bords du Zambèze et dans le Congo (2). Mais le représentant le plus important de ce groupe particulier paraît être le groupe Peulh. Cette teinte de la peau s'associe à la dolicocéphalie et à des cheveux noirs et lisses. C'est ainsi que M. Topinard a cru pouvoir dresser le tableau suivant, qui permet de saisir d'un seul coup d'œil les rapports anthropologiques des Peulhs avec un certain nombre des races les plus importantes de l'humanité (3) :

(1) Topinard, l'*Anthropologie* (Reinwald 1879), p. 499.

(2) Topinard, l'*Anthropologie*, p. 500. — M. Topinard se demande même à ce propos si la coloration rouge adoptée par les anciens Egyptiens pour se représenter sur leurs monuments fut arbitrairement choisie par eux, et s'ils n'avaient pas quelque motif qui eût décidé de leur préférence.

(3) Topinard, *Essai de classification des races humaines actuelles* (*Revue d'anthropologie*, 2e série, tome I, 1878, p. 509).

Frédéric Müller rattache les Peulhs à une race spéciale, la race *Nuba* ou *Nuba-Fulah*. « Ces peuples, dit-il, ne sont ni des nègres ni des Hamites méditerranéens; ils forment comme un degré intermédiaire entre les deux. Comme les Kaffres, ils servent de transi-

Type.

Cheveux à coupe intermédiaire (ondés, frisés).	Dolicocéphales.	Blond : Cimmériens, Scandinaves, Anglo-Saxons.
		Brun : Méditerranéens, Sémites.
		Noir : Australiens, Indo-Abyssins.
		ROUGES, FOULBES, Barabras rouges.

II.

S'il est peut-être impossible de retrouver le type Peulh pur de tout mélange, la variété des combinaisons auxquelles il a fourni des éléments est considérable. C'est surtout dans la région sénégambienne que l'on voit un grand nombre de peuples apparentés aux Peulhs. Il faut étudier les principaux d'entre eux.

On trouve encore çà et là dans la région sénégambienne des tribus Peulhes qui sont restées, au témoignage du général Faidherbe (1), « à peu près

---

tion entre les nègres et les peuples méditerranéens, mais plus spécialement avec les Méditerranéens du type hamitique. Il y a toutefois entre les Kaffres et les Nuba-Fulah une notable différence : c'est que les Kaffres, au double point de vue physique et psychique, se rapprochent davantage des nègres ; les Nuba-Fulah, au contraire, sont plus près des Méditerranéens ; ils s'éloignent d'autant des nègres proprement dits. » (*Allgemeine Ethnographie*, p. 477, 478.)

(1) Faidherbe, *Chapitres de géographie....*, p. 20.

pures de sang » et fidèles à leurs habitudes pastorales ; mais elles n'ont aucune importance politique.
Dans le Djolof, le Cayor et le Salum, Mollien avait
déjà signalé des tribus de « Poules rouges » qui
menaient encore la vie nomade de leurs ancêtres (1).
Aux environs de Médine, il trouva un grand nombre
de Peulhs pasteurs. « Ces peuples nomades, dit-il,
habitués à errer dans les bois, paraissaient stupéfaits
de me voir. Chaque mouvement que je faisais faire à
mon cheval les mettait en fuite. Ils habitent ordinairement les forêts... Leur étonnement à ma vue
fut sans exemple ; j'étais pour eux un être si extraordinaire qu'ils ne cessèrent de m'adresser des
questions pour savoir si j'appartenais comme eux à
la race humaine » (2). Dans le bassin de la Gambie,
les Peulhs pasteurs sont répandus sur tout le cours
du fleuve, depuis le Diagara jusqu'au Djalon. Il
n'existe pas de relations amicales entre eux et les
Peulhs du Fouta-Djalon. Les Peulhs pasteurs sont
même traités avec dureté et souvent pillés par leurs
congénères du Fouta-Djalon. Dans le Mana, par
exemple, les Peulhs pasteurs souffrent cruellement
du voisinage des Peulhs du Fouta-Djalon ; ils sont
réduits à la misère par leurs pillages ; ils ont à peine
de quoi se couvrir ; ils ont dû renoncer même à élever
des moutons et des poules (3).

Dans tous les états occupés par les Toucouleurs,

(1) Mollien. I, 275.
(2) *Ibid.*, I, 135 139
(3) Hecquard, 209.

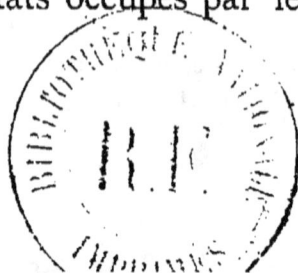

les Peulhs proprement dits sont toujours réduits à une condition inférieure ; on pourrait comparer leur sort à celui des Bohémiens ou des Égyptiens établis en France, et particulièrement en Écosse à la fin du moyen âge (1). Raffenel a vu encore dans le Djolof et dans quelques états Mandingues des camps de Peulhs nomades ; « mais leur condition y est pire encore que dans les états Toucouleurs; c'est parmi eux que les rois choisissent les hommes qu'ils chargent de la garde des troupeaux. On dit communément *les Peulhs du roi*, comme on dirait les captifs ou les domestiques du roi. On donne aussi quelquefois en Sénégambie le nom de Peulhs à des Toucouleurs tributaires, pasteurs ou cultivateurs ; mais c'est par une extension politique plutôt que physiologique ; et, dans ce cas, *Peulh* veut dire uniquement *tributaire* » (2). Les Peulhs nomades sont très nombreux dans le Fouta ; ils sont bien moins répandus dans le Bondou ; peut-être même n'y sont-ils représentés en aucune façon (3).

Il est remarquable que sur tous les points de la région sénégambienne où des tribus Peulhes ont réussi à se maintenir en dehors de toute combinaison intime avec des éléments étrangers, elles aient été insensiblement réduites à une condition inférieure et condamnées à l'amoindrissement. Les divers exemples que nous venons de citer en font foi. Il en est

(1) Raffenel, 265.
(2) *Ibid.*
(3) *Id.*, p. 106.

tout autrement des races à la formation desquelles les Peulhs ont fourni par le croisement des éléments plus ou moins importants.

Raffenel a cru pouvoir décomposer la population Foulah en trois éléments distincts :

Les *Torodos,* qui sont les habitants aborigènes ; les *Peulhs,* élément étranger ; les *Toucouleurs,* qui semblent être le produit des Torodos et des Peulhs (1).

Il fait remarquer que d'ordinaire on n'établit pas une distinction suffisante entre ces divers éléments ; on applique indifféremment à ces trois groupes les noms de Foulahs, Fellatahs, Fellahs, Foulans, Fellans, Foutes, Fellanies, Poules et Peulhs, qui sont regardés comme synonymes. D'autre part, comme ces éléments ne sont presque jamais isolés et que leur réunion forme d'ordinaire la masse de la population, il choisit pour désigner l'ensemble le nom de *Foulah.* La théorie de Raffenel se présente avec un grand caractère de netteté : « Les peuples Foulahs se divisent en Torodos, Peulhs et Toucouleurs. Les Torodos sont le peuple aborigène ; les Peulhs, un peuple étranger ; les Toucouleurs, un peuple métis résultant du croisement des deux premiers » (2).

Ce nom de Toucouleurs, qui se trouve ainsi acquérir tout d'un coup une importance relative, est

(1) Raffenel, p. 106.
(2) *Ibid.,* p. 262.

inconnu des indigènes. Il semble avoir été employé primitivement par les agents de commerce européens. Malgré l'autorité de Waitz, qui est disposé à la tenir pour vraie, on ne saurait admettre l'étymologie qui fait venir *Toucouleurs* de l'anglais « *two colours* », sous prétexte que les hommes de cette race sont, par l'origine, moitié noirs, moitié rouges. M. d'Avezac en a fait l'observation : « Le nom de *Toucoulor*, *Toucourour* et *Toukirère* me semble rappeler celui de *Tokrour* des géographes arabes » (1). Le général Faidherbe se range à cet avis ; il voit dans le mot *Toucouleur* une corruption du mot *Tekrour*. Les anciens auteurs arabes divisaient les noirs de l'Afrique en deux classes : les musulmans, qu'ils appelaient *Tekrour*, et les païens, qu'ils appelaient *Kafres* (2). Il ne faut donc chercher dans l'étymologie et le sens du mot aucun argument en faveur de la théorie de Raffenel. Waitz a raison de dire que le nom de Toucouleur n'a aucune signification ethnographique.

Quant au caractère de peuple métis, on ne saurait le refuser aux Toucouleurs ; ils ont au plus haut degré ce trait propre aux peuples de sang-mêlé, une aversion et un mépris signalés pour les noirs dont ils sont sortis ; ils se croient supérieurs à tous les peuples de l'Afrique ; ils professent le plus profond dédain pour les Nègres et les Peulhs (3).

Le type physique n'est pas le même chez tous les

(1) D'Avezac. *Nouveau Journal asiatique,* IV, 196.
(2) Faidherbe, *Chapitres de géographie,* p. 20, note.
(3) Mollien, *passim.* — Boilat, p. 394.

Toucouleurs ; du moins les témoignages à cet égard
ne sont pas unanimes. Mollien les représente comme
étant d'un noir très foncé ; car « de même que les
métis sont d'un blanc plus mat que les Européens,
les Toucouleurs, issus des Poules et des Nègres, sont
d'un noir plus foncé que ces derniers » (1). Raffenel
déclare au contraire que leur couleur « plus foncée
que celle des Peulhs l'est moins que celle des Nègres
aborigènes » (2). Boilat, observateur plus complet
peut-être, concilie ces deux opinions, en distinguant
deux sortes de Toucouleurs : les Toucouleurs cuivrés et les Toucouleurs noirs.

Donnant plus de développement à sa théorie,
Raffenel cherche à expliquer dans quelles conditions
a dû s'opérer entre les Peulhs et les noirs (Torodos,
Wolofs, Mandingues) le mélange d'où sont sortis les
Toucouleurs. Que les Peulhs se soient présentés à
l'origine en immigrants pacifiques ou en conquérants,
ils ont dû former des alliances avec les femmes du
pays où ils venaient de s'établir en hôtes ou en
vainqueurs. Or, dans les anciens États Wolofs,
Torodos et Mandingues, les femmes seules trans-
mettent la noblesse du sang. Ces unions devaient
avoir nécessairement pour conséquence une classe
nouvelle. Par le sang, cette classe procédait des
Peulhs immigrants ou conquérants ; mais comme,
d'après les traditions politiques, elle tenait ses droits

---

(1) Mollien, I, 285, cité par d'Eichthal.
(2) Raffenel, p. 266.

des femmes indigènes, elle ne dut pas tarder à devenir toute puissante dans l'opinion et dans les institutions du pays. Cette révolution politique, insensible et pacifique, dut avoir pour résultat l'amoindrissement des Peulhs, qui descendirent insensiblement à la condition de tributaires (1). Ils furent dominés par ce peuple de sang-mêlé à la formation duquel ils avaient eux-mêmes contribué pour une part essentielle.

Cette hypothèse de Raffenel, appuyée de toutes les ressources d'un esprit ingénieux et familier avec les coutumes, les types, les traditions du pays dont il s'occupe, ne saurait être admise sans réserve (2). Elle n'est pas conforme à l'idée que les Toucouleurs se font eux-mêmes de leur origine. Boilat a recueilli de deux marabouts très instruits du Fouta les deux traditions suivantes (3), qui ne s'accordent pas avec les théories de Raffenel :

1re *tradition*. — Le peuple Peulh habitait le nord du désert et faisait paître des troupeaux considérables dans les oasis, en descendant au sud jusque sur les rives du Dioliba. Les Maures, jaloux de leurs richesses, leur firent la guerre. Les Peulhs furent obligés de se réfugier sur les bords du Sénégal dans

(1) Raffenel, p. 267.

(2) Fr. Müller (*Allg. Ethnographie*, 479) voit dans les Torodos un peuple métis né du mélange des Foulahs, des Mandingues, des Wolofs, des Serracolets et des Sérères.

(3) Boilat, 389, 391.

le pays des Sérères, entre le royaume de Oualo et celui de Ngalam. Ils en chassèrent les habitants et s'y établirent. Mais les Maures ne laissèrent pas les Peulhs jouir en paix de leurs nouvelles possessions ; ils leur firent des guerres continuelles pour s'emparer de leurs troupeaux et faire des esclaves. Les Peulhs, sans cesse menacés, achetèrent la paix en embrassant l'Islamisme. Dès lors, les deux peuples n'en firent qu'un ; les Peulhs donnèrent leurs filles en mariage aux marabouts Maures qui fondèrent des écoles dans tout le pays et s'y fixèrent en grand nombre. Après quelques siècles, les mœurs, les habitudes, la religion, la couleur des habitants étaient entièrement changées, aussi bien que le langage et le nom même de la nation, qui s'appela les Toucouleurs.

II^c tradition. — (Toute la première partie est identique à la partie correspondante de la tradition n° 1, jusqu'à l'arrivée des Peulhs dans le Fouta.) — Arrivés dans le Fouta, les Peulhs sont reçus en amis par les Sérères, païens comme eux. Ils s'allient et vivent en paix, en continuant à mener leur vie de pasteurs. — Survient une invasion formidable de Maures. Peulhs et Sérères vaincus capitulent ; ils achètent la paix, abandonnent une partie de leurs troupeaux et se font musulmans. Les Maures leur laissent des savants pour les instruire dans leur religion. Les deux nations, Peulhs et Sérères, se fondent en une seule et donnent naissance à un peuple mulâtre, les Toucouleurs,

Ni l'une ni l'autre de ces traditions ne porte de date. Elles ont, toutes les deux, un fonds commun ; elles diffèrent sur le point essentiel des alliances conclues par les Peulhs Boilat a pensé, avec raison peut-être, que ces deux légendes ne s'excluaient pas mutuellement et qu'elles renfermaient l'une et l'autre une part de vérité. Il les concilie et il admet un double mélange de Peulhs avec les Maures et avec les Sérères. Peulhs et Maures auraient donné naissance aux Toucouleurs cuivrés ; Peulhs et Sérères auraient produit les Toucouleurs noirs.

Il s'en faut donc de beaucoup que l'on soit parvenu, dans ces délicates questions d'origine, à établir quelques vérités incontestées ; on vient de voir combien les auteurs sont partagés au sujet des Toucouleurs. La division n'est pas moins grande au sujet des Torodos. Tandis que Raffenel voit dans les Torodos un élément primitif qui, combiné avec les Peulhs, a produit les Toucouleurs, Mollien les regarde comme le résultat des mariages contractés entre les Peulhs d'une part (Poules primitifs ou Poules rouges), et les Wolofs et Sérères de l'autre (1). Les Torodos sont pour lui une race de mulâtres. C'est d'eux que la province de Toro a pris son nom, lorsque les Torodos en sont devenus les maîtres en chassant les Poules rouges qui l'occupaient auparavant (2).

(1) Mollien, I, 275.

(2) Dans l'opinion de Barth, les Torodos seraient les proches parents des *Ssissilbe*. Il rappelle en effet que, d'après le sultan Bello, la langue primitive des Torodos était le *Wakoro* ou *Wakore*. (Barth, IV, 146, note.)

Cependant Raffenel rapporte plusieurs traditions dans lesquelles les Torodos jouent un rôle prédominant. L'une d'elles attribue à six frères la formation des six castes que certains auteurs avaient constatées chez les peuples de race Foulah. Le plus jeune était au service d'un ambitieux que ses cinq frères avaient inutilement cherché à faire parvenir au pouvoir. Il eut la bonne fortune d'y réussir. Ce cadet de famille devint le père de la caste la plus élevée, celle des *Diavandous ;* l'aîné fonda la seconde, celle des juges et des savants, *Torodos ;* les autres, suivant leur ordre de primogéniture, donnèrent naissance aux castes suivantes : celle des *Baïlos*, artisans qui travaillent le fer ; des *Tiapatos*, guerriers et chasseurs ; des *Koliabes*, ou chasseurs ; enfin des *Tioubalous*, ou pêcheurs. — Raffenel croit à la haute antiquité de cette tradition. Waitz se refuse à l'admettre ; il ne pense pas qu'on puisse la faire remonter au delà de l'introduction de l'Islamisme chez les peuples de race Foulah. Il en donne la raison suivante, qui n'est pas sans mérite : la confusion dans la seconde classe (celle des Torodos), des juges et des savants témoigne de rapports d'idées et de fonctions qui sont tout à fait propres aux peuples nègres musulmans.

On retrouve dans le Kaarta, ajoute Waitz, quatre de ces castes : les Diavandous (1), les Baïlos, les

(1) Mollien attribue aux Diavandous un rôle plus en rapport avec la situation prépondérante que leur assigne Raffenel : « Les Diavandous sont les griots de ce pays : voués au mépris par leur état, ils

Koliabes et les Tioubalous. Mais dans aucun pays il n'est question d'une division traditionnelle des Peulhs en six castes. Aussi est-il très vraisemblable que par Torodos il ne faut pas entendre autre chose que les hommes du Fouta-Toro, c'est-à-dire du pays où, d'après la croyance générale des Peulhs, s'est produit principalement le grand mouvement religieux depuis leur conversion à l'Islam. On comprend alors très bien pourquoi ce sont précisément les Torodos qui forment la classe des juges et des savants, et qui, dans cette légende, tiennent le rôle de missionnaires et d'hommes instruits dans la connaissance du Koran. Leur nom paraît être tombé plus tard en désuétude au Kaarta, comme celui de la quatrième classe, des Tiapatos, qui sert aujourd'hui dans ce pays à désigner couramment les Maures.

On doit une mention aux *Laobés*, race particulière qui se retrouve dans toute la Nigritie, « Bohémiens de l'Afrique », vivant à l'aventure, sans lien politique, sans organisation sociale. Partout on les méprise et on les supporte ; ils sont industrieux, travaillent les

sont parvenus cependant à se rendre redoutables, en devenant les maîtres de l'opinion publique par les éloges ou les satires dont ils sont également prodigues. Ils parlent avec facilité, sont instruits dans la langue arabe et zélés mahométans. Leur trafic de louanges et d'invectives leur a procuré des richesses considérables. « Oui, si « un Diavando exigeait mon fusil, me disait Boukari, je le lui ac-« corderais sans balancer ; car, si je ne consentais pas, il irait « trouver mes amis et me noircirait tellement dans leur esprit « qu'ils m'abandonneraient tous. « Un Poule ne donnerait pas sa « fille en mariage à un Diavando. » (Mollien, I, 283, 284.)

bois durs et font ces calebasses dans lesquelles les indigènes mangent le couscous. Ils fabriquent les pilons, les mortiers et quantité d'ouvrages de même nature. Ces hommes font du négoce et se retrouvent partout, colporteurs infatigables et marchands sans scrupules. C'est par une exception qui causait aux indigènes une grande surprise que, dans la province de Pakao (1), les Laobés sont cultivateurs et qu'ils élèvent une grande quantité de bestiaux. On les voit aller de village en village, montés sur leurs ânes chargés de leurs outils. Quand ils campent, ils élèvent des huttes de branchages. Ils s'établissent d'ordinaire sur la lisière d'un bois et achètent des chefs du pays le droit de séjourner. Nulle part ils ne connaissent ou on ne leur permet le régime de la propriété fon-cière (2). Il y a autour des hommes de cette race comme une barrière ; ils ne se marient qu'entre eux, et même un captif musulman regarderait comme un déshonneur d'épouser une de leurs filles. Ils ne pra-tiquent aucune religion déterminée et font profession de dire la bonne aventure. Comme ils ont la couleur, le type des Peulhs, on a voulu voir en eux une race abâtardie descendant des Peulhs (3). Hecquard affirme qu'ils parlent la langue des Peulhs ; d'Eichthal conteste le fait ; il déclare même avoir connu des voyageurs qui affirmaient que les Laobés

_____

(1) Sur la rive droite de la Cazamance, près de l'embouchure du fleuve.

(2) D'Eichthal, *Hist. et origine*, p. 63.

(3) Hecquard, p. 129, 130.

possédaient une langue nationale, différente de celle des Peulhs (1).

Dans le Fouta-Djalon, les rapports des Peulhs avec les aborigènes ont eu des effets particuliers. Jusqu'à la seconde moitié du XVIIIᵉ siècle, ce pays élevé, aux vallées fertiles, un des plus riches en ressources de tout le bassin sénégambien, resta au pouvoir des Djalonkés. Ces indigènes païens sont représentés comme des nègres lourds, épais, à la peau très noire. S'il faut en croire Caillié, leurs femmes ont cependant les traits agréables, de beaux yeux, le nez légèrement arqué et les lèvres minces (2). Les Peulhs vinrent s'établir au Fouta-Djalon sous la conduite d'une famille originaire du Massina. Peu à peu ils se fortifièrent par des alliances habilement ménagées ; ils finirent par refouler les Djalonkés dans les montagnes du Tenda et sur les bords de la mer (3).

On trouve encore aujourd'hui, aux environs de *Kadé*, dans le Koli, et s'étendant peut-être jusque chez les *Ludamars* du Rio-Nunez, une race d'hommes particulière qu'Hecquard représente comme les véritables aborigènes du Djalon (4) ; ce sont les *Tiapys*. Antérieurs peut-être aux Djalonkés,

(1) D'Eichthal, *Hist. et origine...*, p. 63.
(2) Caillié, I, 364.
(3) Hecquard, 314.
(4) Fr. Müller (*Allg. Ethnog.*, p. 479) représente les Djalonkés comme le produit des Peulhs et des aborigènes. Il ne dit pas à quelle race appartenaient ces aborigènes.

les Tiapys paraissent être les débris d'un peuple plutôt qu'une nation véritable. Une partie même, réfugiée de l'autre côté des montagnes qui bordent le Koli, est dans un état de grossièreté primitive et de complet isolement. Un étranger ne pénétrerait pas chez eux impunément. Ils vivent, dit-on, entièrement nus. Les Tiapys disséminés dans le Koli sont parvenus à un état de culture moins imparfait. Mais ils se sont obstinés dans l'observance de leurs mœurs primitives, et ils repoussent la religion musulmane. Ils ont un chef qui réside à Kankody, mais son pouvoir purement nominal est annulé par celui des chefs Peulhs, représentants de l'Almamy. Opprimés par les Peulhs, avant eux peut-être par les Djalonkés, les Tiapys paraissent vivre dans une terreur perpétuelle. Ils ont pris les mœurs des races traquées, qui se savent menacées chaque jour. A l'époque du passage des bandes armées de Peulhs qui descendent vers le *Chabou,* toute la population se réfugie dans les montagnes et cache dans les trous des rochers tout ce qu'elle veut sauver. Si leur fuite n'est pas assez rapide, femmes et enfants sont réduits en esclavage. Craintifs et faibles, ils n'ont jamais essayé de résister aux Peulhs ; ils se vengent par la raillerie et le ridicule de la terreur qu'ils ressentent. Leur langue, qu'aucun étranger ne comprend, n'a aucun rapport ni avec celle des Peulhs ni avec celle des Mandingues. Cultivateurs et pasteurs, les Tiapys forment donc un petit groupe à part, sorte de vestige entre les Djalonkés et les Peulhs. Tout semble témoigner de leur haute antiquité dans ces régions et l'opinion d'Hecquard, à défaut de témoignages authentiques qui la fortifient, a du moins pour elle une grande vraisemblance (1).

Disséminés dans toute la région sénégambienne et dans le bassin du Niger, les Peulhs ne pouvaient échapper à des rapports avec les Mellinkés ou Mandingues. On cite d'ordinaire comme produit de cette union les *Ssissilbe* qui dominent dans les environs de Sokoto. *Ssissilbe* est le nom que ce peuple se donne à lui-même ; les Haoussa l'appellent *Ssyllebaoua* (2). Barth ne voit en eux qu'une tribu des *Wakore* ou *Wangara,* auxquels se rattachent les Mandingues. La partie de cette population des Ssissilbe qui habite le Haoussa a complétement oublié sa propre langue ; elle a adopté à la fois l'idiome Fulfulde et l'idiome Haoussa. Au contraire, dans la province plus occidentale de Saberma, sur le Niger, leurs congénères se servent presque exclusivement de leur langue nationale.

Barth serait également disposé à regarder comme un produit des Peulhs et des Mandingues les *Djaouambe,* qui forment avec les Imoschagh la classe des marchands à Sokoto (3), et peut-être les *Zoromaoua,* qui constituent la principale population de cette ville. Il rappelle enfin, comme pour donner

(1) Hecquard, 230, 232.

(2) Barth, IV, 145.

(3) *Ibid.,* 177. — Fr. Müller (*Allg. Ethnog.,* p. 480), se range à cette opinion.

un exemple éclatant de l'action et de la réaction de ces différents peuples les uns sur les autres, que les *Ga-bero,* établis dans le voisinage de Gogo, sur le Niger, bien que Peulhs d'origine, ont perdu l'usage de leur propre langue et parlent aujourd'hui la langue Sonrhay (1).

(1) Barth, V, 225.

A propos de la classe des Tiapatos, dont le nom a fini par désigner communément les Maures (p. 106) le général Faidherbe propose l'explication suivante :

« Quant à l'origine de ce mot *Tiappato,* pour désigner les Maures, voici ce que nous en pensons : certaines tribus maures, des bords du Sénégal, celles qui ont renoncé au brigandage pour vivre conformément aux préceptes du Coran, prennent le nom de *Tiiab,* du verbe arabe *tab,* « convertir ». Cette dénomination correspond exactement à notre expression : les convertis. C'est, suivant nous, ce mot, prononcé par les noirs *Tiap,* que les Pouls ont pris en lui ajoutant la finale poul *ato* pour désigner les Maures en général. »

Faidherbe, *Grammaire et vocabulaire de la langue Poul,* p. 67.

CHAPITRE III.

Religion : Conversion à l'Islamisme.

I.

Tous les auteurs qui se sont occupés des Peulhs ont signalé chez eux le penchant à l'Islamisme comme un caractère original. Ils paraissent avoir adopté d'assez bonne heure la religion nouvelle, ils en ont fait leur bien et comme leur chose propre par leur ardeur dans la pratique et leur fanatisme dans la propagande. C'est un curieux spectacle que cette adaptation exacte d'une religion étrangère au caractère d'un peuple. L'Islamisme est aujourd'hui comme une part de leur patrimoine ; ils envient aux Arabes l'honneur de le répandre et ils se sont faits dans l'Afrique soudanienne les propagateurs fanatiques de ses doctrines.

On ne saurait dire à quelle époque les premiers missionnaires musulmans ont commencé leur œuvre de propagande. S'il fallait en croire la légende rap-

portée par Denham et Clapperton (1), la conversion
des Peulhs remonterait à l'apparition des Arabes en
Afrique. D'après cette tradition populaire, lorsque
Omar conquit l'Égypte, les *Towrouds* de Toro (les
Torodos du Fouta-Toro), demandèrent qu'on leur
envoyât un docte musulman pour les instruire. On
leur laissa Okat ben Emir, qui épousa la fille du
prince towroud dont il eut quatre fils. D'après
une autre légende, les pères de la race étaient aux
côtés des lieutenants du prophète et « ont combattu
pour le triomphe de l'Islam à son début. C'étaient
Modi Ousman et *Modi Aliou*, guerriers énergi-
ques, marabouts fervents, qui furent chargés de convertir les peuplades sauvages du Niger. Le prophète
Mohammed leur accorda comme faveur que
l'heure des punitions et des récompenses sonnerait
deux cents ans plus tard pour les hommes que celle
qu'il avait d'abord fixée » (2). On ne saurait donner
le moindre crédit à cette naïve invention de la vanité
nationale, qui voudrait rattacher aux premières
années de l'ère musulmane la conversion du peuple
tout entier. Mais c'est certainement avant le
XIIIᵉ siècle de notre ère que la conversion commença.
Les chroniques d'Ahmed Baba ont conservé le souvenir de la visite rendue à Biri, roi du Bornou, par
deux chefs religieux des Peulhs de Mellé. Biri régna

(1) Cité par d'Eichthal, p. 68.
(2) Dʳ Bayol, *Revue des Deux-Mondes*, 15 décembre 1882,
p. 910.

de 687 à 706 de l'hégire (1) (1288 à 1306).

Il y avait donc à la fin du xiiie siècle, chez les Peulhs, une société religieuse organisée, assez active pour entreprendre la propagande, assez sûre de son influence pour entrer en relations avec des souverains. Toute la période intermédiaire échappe à notre connaissance. Nous ne pouvons suivre pas à pas les progrès de ce développement religieux. Çà et là, une éclaircie : par exemple, Job ben Salomon fournit quelques détails sur l'état religieux des pays voisins de la Falémé au début du xviiie siècle. Il racontait que le nombre des livres de son pays ne dépassait pas une trentaine ; ils étaient tous écrits en arabe et la religion seule en faisait la matière. Job avait appris le Koran à l'âge de quinze ans. Sa mémoire en avait conservé une empreinte si vive qu'après ses malheurs il put en faire à Londres trois éditions de sa main, sans le secours d'aucun texte. Il savait fort bien la partie historique de la Bible. Son père était, avec le titre d'Alfa, le grand-prêtre et le prince du Bondou. Dès l'âge de quinze ans Job assistait son père en qualité d'imam (2). Nous avons là un exemple de ce que devait être alors l'éducation religieuse dans les familles aristocratiques et de l'association chez les personnages les plus élevés de la dignité politique et de la dignité religieuse.

(1) Barth, II, 314 ; *Tabellarisches Verzeichniss der Kœnige von Bornu.*

(2) Walckenaer, *Hist. des Voyages*, IV, 1 à 18,

A la fin du xviiie siècle la conversion des différents groupes Peulhs n'est pas complète. Il arrive que dans un même État, à côté des Peulhs musulmans formant la masse, une minorité païenne s'est maintenue. Mungo-Park parle de ces Peulhs qui « restent attachés à leurs anciennes superstitions » (1). Au commencement de ce siècle, dans le Djolof, les Peulhs étaient tous païens, et, s'il faut en croire Mollien (2), portaient une haine violente aux musulmans. A deux journées de Timbo, le Sangarari, visité par Mollien, est alors habité par des Peulhs païens (3). Près de Kankoli, à l'ouest du Fouta-Djalon, le même voyageur trouve également un village de Peulhs païens (4). Même aujourd'hui, on trouve dans le Wassallah et le Kankan des Peulhs nomades qui n'ont qu'un culte, celui de leurs troupeaux, qu'ils font prospérer le mieux qu'ils peuvent, sans se préoccuper du lendemain (5). L'idolâtrie ne se retrouve en réalité chez les Peulhs qu'à l'état d'exception ; ce sont les représentants les plus misérables de la race, ou ceux que leur éloignement a tenus en dehors de tout progrès, qui se sont attardés à ces formes grossières du besoin religieux. S'il faut en croire Hecquard, on trouverait sur les bords de la Gambie tout un groupe de Peulhs qui ont aban-

---

(1) Mungo Park, I, 93.
(2) Mollien, I, 141.
(3) *Id.*, II, 187.
(4) *Id.*, II, 203, 223.
(5) Bayol, *Revue des Deux-Mondes*, 15 décembre 1882.

donné l'Islamisme, et qui, sans être précisément idolâtres, n'ont plus aucune croyance. Ces renégats de l'Islamisme sont tombés dans une déchéance complète; adonnés à l'ivrognerie, ils sont en butte à des attaques périodiques de la part des Peulhs du Fouta-Djalon, qui les traitent sans pitié quand ils tombent entre leurs mains (1). Malgré ces exceptions, on peut dire avec exactitude que les Peulhs sont aujourd'hui musulmans : ils sont au premier rang des représentants de la doctrine de Mahomet.

Si l'absence de documents ne nous permet pas de suivre étape par étape la marche de l'Islamisme chez les populations Péulhes, on peut juger de ce qui fut par le spectacle de ce qui est aujourd'hui. Mungo Park, qui a vu le progrès de l'Islamisme se poursuivre sous ses yeux, rend aux Peulhs ce témoignage qu'ils ne connaissent pas la persécution religieuse et qu'ils n'ont pas besoin de la connaître; car la secte de Mahomet, dit-il, s'étend par des moyens bien plus efficaces. Ils établissent dans toutes les villes de petites écoles où les enfants, païens ou mahométans, apprennent à lire le Koran et sont instruits des principes du prophète. Les *Mallem* façonnent à leur gré ces jeunes âmes ; il est rare que les doctrines inculquées à ces esprits neufs et dociles s'altèrent plus tard (2). Les griots musulmans furent ainsi de tout temps les agents d'une propagande très active. Leurs

(1) Hecquard, p. 195.
(2) Mungo Park, I, 93.

histoires exercent sur ces populations crédules et superstitieuses une action dont on ne saurait se rendre un compte exact. Ces chanteurs sont les maîtres de l'opinion ; leur littérature est un agent d'une étonnante puissance (1). — Les esclaves musulmans contribuèrent aussi sans doute d'une manière active à la propagation de leur foi religieuse. Clapperton et Lander rapportent qu'à Badagry, c'est par les esclaves musulmans, originaires du Haoussa, auxquels on accordait dans le pays le nom de *Mallem*, que la foi du prophète fut introduite et se répandit (2). Dans le principe, c'est par ces moyens tout pacifiques que la propagande religieuse s'exerça ; depuis, les Peulhs en connurent d'autres. Aujourd'hui encore, il s'en faut que le fanatisme ou la tolérance se retrouvent au même degré dans les divers groupes de Peulhs disséminés çà et là. Raffenel croit pouvoir affirmer que le Mahométisme n'entraîne pas les Peulhs comme les Arabes aux excès d'un fanatisme aveugle et cruel ; pour eux, dit-il, l'Islamisme n'est qu'un code de morale et une pratique innocente du rite musulman (3). Raffenel parle, il est vrai, des Peulhs du Fouta-Djalon, et non pas de ceux qui

---

(1) Hecquard, p. 181

(2) Cité par d'Eichthal, p. 270.

(3) Raffenel, p. 267. — Raffenel paraît toutefois se contredire quand il écrit (p. 302) : « les habitants du Fouta-Djalon sont si sévères musulmans qu'ils poussent leur culte jusqu'au fanatisme ; ils se piquent de haïr profondément les infidèles, à l'exception cependant des blancs, dont ils se disent descendants. »

prirent part au grand mouvement insurrectionnel de Danfodio.

Dans le Bondou, par exemple, où l'Islamisme paraît être pratiqué avec plus de fidélité qu'au Fouta, les mœurs sont plus douces, et Raffenel attribue à son influence les goûts plus pacifiques et la probité plus exacte de ses habitants (1). Au Kassou, les Peulhs sont moins religieux. Le voisinage des Mandingues du Bambouk et du Kaarta les a conduits à une sorte d'indifférence ; par les croyances et les mœurs, ils se rapprochent plutôt des Bambaras, dont ils parlent à peu près la langue, que du reste des Peulhs (2). Cependant les progrès de l'Islamisme dans toute la région occupée par cette race ne sont pas douteux : « lorsqu'on a longtemps habité l'Afrique occidentale, écrit Hecquard, on ne saurait douter que toutes ces populations ne soient bientôt conquises à l'Islamisme » (3). Les agents de cette révolution seront d'après lui ces nations d'une même origine (Peulhs ou Foulahs), « descendant des mêmes familles et tendant évidemment à ne plus former qu'une seule agrégation politique, sociale et religieuse. » Au premier rang, il place les Peulhs du Massina, musulmans fanatiques qui, ne possédant d'abord qu'un petit village sur les bords du Niger,

---

(1) Raffenel, p. 269. — Gray et Dochard, ap. Walckenaer, VII, 163.

(2) Raffenel, p. 297.

(3) Hecquard, p. 319.

étendirent ensuite leur domination de Timbouktou au-delà de Djenné, et qui font aujourd'hui la guerre aux Bambaras du Segou et du Kaarta ; puis les Peulhs du Bondou, qui par des empiètements successifs ont étendu leur royaume jusque sur les bords de la Gambie supérieure et jusqu'au Woli ; dans leur marche, tout ce qui n'a pas voulu embrasser l'Islamisme a été tué ou vendu comme esclave ; enfin les Peulhs du Fouta-Toro qui s'établirent dans ce pays après en avoir chassé les Wolofs, et qui envoient au loin leurs colporteurs prêcher le Koran en vendant leurs marchandises. « Ainsi, l'Islamisme poursuit invariablement son but et fait d'immenses progrès. Ardents et infatigables, ses missionnaires, tout en se livrant au commerce, font de nombreux prosélytes. S'arrêtent-ils dans un pays, ils commencent par y fonder des écoles ; puis, quand des coreligionnaires se sont réunis à eux, ils forment une petite colonie qui finit par expulser les populations indigènes. C'est ainsi qu'ils ont procédé dans la Cazamance, dont ils ont chassé les naturels du Pakao, du Yacine ; ainsi qu'ils feront au grand Bassam, où existent déjà quelques écoles musulmanes » (1).

L'ardeur de la propagande ne va jamais sans le fanatisme. C'est en vain que sur quelques points des observateurs sincères ont cru ne pas en retrouver les traces ; Mungo-Park affirme, par exemple, qu'au Bondou les Peulhs « ne se montrent nullement in-

(1) Hecquard, p. 320.

justes envers ceux de leurs compatriotes qui restent attachés à leurs anciennes superstitions » (1). Le fanatisme n'en est pas moins, au jugement de la plupart des voyageurs, un trait caractéristique de la race peulhe dans la crise religieuse qu'elle subit depuis un siècle. Mollien constate qu'au Fouta-Djalon « le fanatisme va chez les Poules jusqu'à la fureur. A chaque instant ils tirent leur poignard et, le regardant avec colère : « Je l'enfoncerai, s'écrient-« ils, dans le cœur d'un païen » (2). Mollien ajoute naïvement qu'il est d'autant plus surpris du zèle excessif qu'ils montrent pour la religion musulmane qu'on serait tenté de croire, en voyant les croix dont ils ornent leurs vêtements et leurs maisons, qu'ils ont anciennement professé le christianisme (3). Les Peulhs du Fouta-Djalon sont d'une intolérance extrême envers les noirs ; ils ne permettent à aucun infidèle de cette couleur de pénétrer sur leur territoire. Aussi les colporteurs serracolets qui viennent dans le Djalon pour y commercer ou qui sont obligés de le traverser, affectent-ils les dehors de fervents musul-mans (4). Avant le règne d'Ibrahim Seuris, la guerre contre les infidèles ne devait cesser que lorsque l'unanimité des membres du conseil souverain l'ordonnait (5). Caillié constate que de tous les habi-

---

(1) Mungo Park, I, p. 92.
(2) Mollien, II, 180.
(3) *Id.*, II, 184.
(4) Hecquard, p. 321.
(5) *Id.*, p. 315.

tants de Djenné les Peulhs sont les plus fanatiques ;
ils ne permettent pas l'entrée de leur ville aux
infidèles, et quand les Bambaras idolâtres viennent
à Djenné, ils sont obligés de faire la prière; sinon ils
seraient impitoyablement massacrés par les Peulhs.
Ces mêmes hommes sont d'ailleurs très affables et
très doux pour les étrangers qui professent la religion
musulmane (1). A mesure que l'on s'avance vers
l'Est, le fanatisme paraît augmenter. Le fait est
naturel : on entre en effet en contact avec les populations peulhes que l'esprit religieux a armées pour
la conquête ; la passion religieuse, surexcitée par la
lutte, par la victoire et par le voisinage de l'idolâtrie,
a conservé là plus que partout ailleurs toute sa violence. C'est ainsi que les Peulhs du Massina veulent
exiger de leurs congénères de Sokoto une observation
plus rigoureuse de tous les préceptes du Koran :
borner à deux le nombre de leurs femmes et remplacer par des chemises étroites leur large tobé (2).
Barth est convaincu que chez la majorité de ces
Peulhs de l'Adamaoua, la conscience religieuse est
encore plus puissante que le désir de s'enrichir par
la conquête et qu'ils ne se croient pas seulement le
droit, mais le devoir d'étendre de plus en plus leur
domination sur les peuples païens. Il est vrai de
dire qu'ils ne se donnent pas beaucoup de peine
pour faire partager aux peuples qu'ils ont soumis les

(1) Caillié, II, 208.
(2) Barth, IV, 190.

principes fondamentaux et les privilèges de l'Islam. Il n'en est pas moins remarquable de voir la croyance et la science arabe faire chaque jour de nouveaux pas vers le cœur de l'Afrique par le moyen de ces hommes blancs, tandis que dans leur pays d'origine tout est stagnant et frappé de mort (1). Le fanatisme religieux n'est pourtant pas le privilège exclusif des provinces de l'Est ; les provinces du Fouta en ont vu de mémorables exemples. Le plus éclatant, au début de ce siècle, est celui du prophète dont M. d'Avezac a résumé la vie (2). La tradition attribue à Mahomet une prophétie dont le texte ambigu a provoqué déjà plus d'un mouvement religieux et politique dans l'Afrique septentrionale : « Le soleil se lèvera alors à l'Occident. » Déjà on avait cru voir la réalisation de cette prophétie lorsqu'en 909 Obeïd Allah fonda à Rokkada, à quelques kilomètres au S.-O. de Kaïrouan, la royauté indépendante des Fatimites (3). Elle parut triompher de nouveau, lorsque vers 1828, Mohammed ben Ahmed originaire du Fouta-Toro prêcha la réforme religieuse. Nourri de bonne heure dans les études théologiques, thaleb distingué, imam du district de Dimar, Mohammed avait parcouru pour s'instruire diverses contrées de l'Afrique. En 1828, il commence son rôle public de

(1) Barth, II, 611.

(2) *Nouveau Journal Asiatique*, septembre 1829. (*Notice sur l'apparition nouvelle d'un prophète musulman en Afrique*)

(3) Mercier, *Histoire de l'établissement des Arabes dans l'Afrique septentrionale*, 1875, p. 108.

rénovateur religieux : imams et marabouts saisis
d'enthousiasme se déclarent ses disciples ; le peuple
le salue *Mahdy* (1). Dans son fanatisme farouche,
Mohammed va jusqu'à immoler son propre enfant
« parce qu'il faut à Allah une offrande expiatoire et
que les péchés odieux des Peulhs n'ont pu être
rachetés par ses seules prières. » Presqu'au même
moment éclatait sur un autre théâtre le mouvement
provoqué par le fanatisme de Danfodio : l'ardeur
religieuse des Peulhs avait dès lors comme deux
foyers distincts qui ne se sont pas éteints depuis.

Dans certaines régions, des pratiques spéciales
entretiennent cette exaltation religieuse. Ainsi au
Fouta-Toro, Mollien a trouvé établie « une sorte de
franc-maçonnerie » avec ses rites, ses règles d'initiation et une sorte de toute-puissance qu'elle tient de
l'opinion. L'adepte est soustrait pendant huit jours
au commerce de ses semblables ; enfermé dans une
case, il ne voit que l'esclave chargé de lui apporter
une fois par jour des aliments. Au bout de ce terme,
des hommes masqués se présentent et emploient

---

(1) « La secte Chiaïte se divise en plusieurs branches. Les Ismaïl
liens avaient continué à compter les *imams* qui devaient succéder à
Mahomet. Ils étaient arrivés à six ; puis, le septième ayant disparu
mystérieusement, ils déclarèrent ses successeurs *imams cachés*
(*Mektoum*), ne transmettant leurs ordres au monde que par l'intermédiaire des *d'aï* (missionnaires). Selon leur croyance, le douzième
imam serait le *Mehdi* ou *être dirigé*, annoncé par le Koran
comme devant rétablir la religion dans sa pureté primitive. C'est le
Moul es Sáa (le maître de l'heure) que les indigènes de l'Algérie
attendent encore. » Mercier, *op. cit.*, p. 93, 94.

tous les moyens possibles pour mettre son courage à l'épreuve. S'il s'en tire à son honneur il est admis. Les initiés prétendent qu'à ce moment on leur fait voir tous les royaumes de la terre, que l'avenir leur est dévoilé et que le ciel dès lors se montre favorable à toutes leurs demandes. Dans les villages où ces initiés demeurent, ils remplissent les fonctions de devins et portent le nom d'*Almousseri*. Boukari racontait un jour à Mollien, après lui avoir fait les serments les plus solennels, que, se trouvant avec un de ses hommes sur sa pirogue, il tomba tout à coup une pluie si abondante qu'il ne voulait pas partir. Il finit cependant par céder aux instances de l'*almousseri*, son compagnon, et il mit à la voile. La pluie tombait à torrents tout autour d'eux. Cependant tout était sec dans la pirogue, affirmait sincèrement Boukari, et les voiles étaient enflées par un vent favorable (1).

II.

De semblables dispositions religieuses ne peuvent manquer d'influer sur les relations des Peulhs avec les Arabes et les chrétiens. Naturellement « avec la foi mahométane s'est introduite la langue arabe dont la plupart des Foulahs ont une légère connais-

(1) Mollien, I, 281.

sance » (1). Le respet qu'ils ont pour le peuple qui
a été leur initiateur religieux est sans bornes ; la
légende rapportée par Denham et Clapperton, relative à la conversion des Peulhs à l'Islamisme, en
est une preuve. C'est de l'union d'Okat ben Emir et
de la fille du prince towroud Gadjman, que naqui-
rent les chefs des Peulhs. Les Peulhs reconnaissent
ainsi un père Arabe et une mère towroude (2). La
vanité nationale s'accommode à merveille de cette
combinaison de fantaisie. « Les Foulahs, écrit
Caillié, auxquels on avait dit que j'étais Arabe,
avaient pour moi une sorte de vénération » (3). Le
même voyageur ajoute : « Notre hôte se trouva très
honoré d'avoir chez lui un compatriote du prophète;
il venait près de moi, passait ses mains sur ma tête,
puis se frottait la figure comme si ce rapprochement
avec un compatriote du prophète eût été une chose
sainte ou salutaire » (4). Toutes les fois que Caillié
veut se ménager auprès des Peulhs un accueil em-
pressé, il se fait présenter par son guide comme « un
véritable Arabe chérif de la Mecque, lisant bien le
Koran » (5). La qualité de chrétien devait produire
un effet tout contraire. « Tandis que je mangeais,
les enfants tenaient les yeux fixés sur moi. Le berger
foulah prononça le mot *nazarani*, et aussitôt ils se

(1) Mungo Park, I, 93.
(2) D'Eichthal, p. 68.
(3) Caillié, I, 256. — Voir aussi p. 264, 280.
(4) *Id.*, I, 289.
(5) *Id.*, I, 343.

mirent à pleurer; puis ils suivirent leur mère qui sortit de la tente en se couchant ventre à terre et sautant comme un levrier. Ils étaient si effrayés au seul nom de chrétien qu'aucune sollicitation ne put les engager à se rapprocher de la tente » (1). Caillié rapporte que la conversation entre Peulhs roulait souvent sur les chrétiens et qu'ils en parlaient toujours avec mépris (2). C'est en vain qu'il conseille à des parents peulhs dont l'enfant avait une grave maladie des yeux de l'envoyer à Sierra-Leone pour le faire traiter. « Ils repoussent avec horreur l'idée de mettre leur enfant entre les mains de chrétiens » (3). Dans la région de Sokoto, les mêmes sentiments dominent : « Je reçus la visite, écrit Denham, d'un neveu du sultan ; il m'avoua qu'avant ce jour il regardait un chrétien comme un monstre » (4). Il serait aisé de multiplier les citations ; mais cette répulsion du Peulh musulman pour le chrétien est naturelle ; il n'est pas utile d'insister. Un seul auteur a cru pouvoir porter témoignage de sentiments tout différents ; la singularité même de cette observation la recommande à l'examen. Au Fouta-Djalon, affirme Hecquard, les Peulhs tolèrent les chrétiens, ils ne les considèrent même pas comme des Kafirs, grâce à une légende généralement ré-

(1) Mungo Park, I, 291,
(2) Caillié, I, 279.
(3) Id., I, 290
(4) Denham, III, 24.

pandue dans cette partie de l'Afrique. Lorsque Mahomet fut de retour à Médine il envoya, disentils, un message au chef des chrétiens pour l'engager à embrasser sa religion, comme la seule véritable. L'ambassadeur du prophète fut très bien reçu par les chrétiens qui le comblèrent de cadeaux, enfermèrent dans une boîte d'or la lettre de Mahomet et s'excusant sur l'antiquité de leur religion, legs précieux de leurs pères, se déclarèrent touchés et flattés de sa démarche. En recevant cette réponse, Mahomet se prosterna et pria Dieu de donner aux chrétiens du bonheur et des richesses pour les récompenser de l'accueil qu'ils avaient fait à son messager et du respect qu'ils avaient montré pour l'envoyé de Dieu (1). Le docteur Bayol est d'accord avec Hecquard. « Le fanatisme de ce vaillant peuple est resté doux envers les Européens, s'il a été inexorable pour les populations fétichistes qui les entourent. » Il fait remarquer que le missionnaire anglais Thompson est mort au village de Dara, près Timbo, entouré de la sollicitude des parents de l'almamy Alfaia Ibrahim Sory. « Il était venu chez les Pouls pour les convertir au protestantisme. Les marabouts de Timbo l'écoutèrent avec bienveillance, ne le laissèrent manquer de rien et lui dirent qu'ils espéraient bien que Dieu et Mohammed ouvriraient les yeux à un homme comme lui et qu'il demanderait à devenir

(1) Hecquard, p. 321.

musulman » (1). Le docteur Bayol étant tombé gravement malade à l'époque de la fête du Ramadan, quatre cents hommes prosternés autour de la mosquée de Donhol priaient avec l'almamy pour que Dieu et le prophète conservassent les jours du chrétien. « Je n'oublierai jamais les Pouls », ajoute le voyageur reconnaissant (2). Sans doute dans cette région moins éloignée des comptoirs européens, le fanatisme primitif s'est émoussé, et la contagion de la tolérance a étendu ses effets jusqu'à ces sectaires autrefois intraitables.

Une légende toute contraire, relative aux Juifs, s'est accréditée chez les Peulhs du Fouta-Djalon. Le peuple d'Israël qui avait déjà mis à mort le prophète *Issa*, chassa honteusement l'envoyé de Mahomet. Poursuivis depuis cet outrage par la malédiction du prophète, les Juifs vont errant dans le monde entier ; ils n'ont jamais pu et ils ne pourront jamais former une nation, ni posséder des terres. Il est possible que la légende dont l'esprit est favorable aux chrétiens exerce encore quelque action sur la conduite des Peulhs dans le Fouta-Djalon, mais elle a perdu toute efficacité en dehors de ce cercle étroit ; une haine instinctive anime partout ailleurs le Peulh contre le chrétien. Ces deux légendes sont loin d'être répandues dans toute la région occupée par les Peulhs ; car dans le Bagirmi le savant

---

(1) *Revue des Deux-Mondes*, 15 décembre 1882, p. 912.
(2) *Ibidem*, p. 913.

Peulh Faki-Ssâmbo dont l'esprit cultivé et l'érudition étaient pour Barth un objet de surprise, demandait à son interlocuteur européen si les chrétiens ne faisaient pas partie des Beni-Israel, c'est-à-dire des Juifs. Barth fait remarquer que cette erreur est très répandue chez les musulmans de l'intérieur de l'Afrique, naturellement portés à conclure de la nationalité du Messie à la nationalité de ceux qui suivent sa religion (1).

Les superstitions les plus étranges se sont développées sur ce fond religieux (2). Comme les Noirs, les Peulhs se couvrent de gris-gris. Dans les comptoirs de la côte, vers Sierra Leone, il se fait un trafic considérable de scapulaires, d'images de saints enfermées dans du plomb. Les Européens leur vendent ces objets comme de puissants préservatifs contre tous les dangers et les maléfices. Ils leur donnent le nom de *bolisso*. Les voyageurs ont trouvé les plus vulgaires objets honorés de la vénération de ces êtres enfants ; Hecquard vit une montre en plomb, pareille à celles qu'on donne aux enfants, précieusement entourée d'une toile enduite de cire et renfermée dans un étui de cuivre curieusement travaillé ; ce talisman avait la vertu d'écarter les balles (3). Ce sentiment est général ; il se traduit de mille manières, suivant les circonstances ou la fantaisie. Caillié, que l'on

(1) Barth, III, 330.

(2) Au Fouta-Djalon, on consulte le sort en jetant en l'air des coques de pistaches. (Hecquard, 262.)

(3) Hecquard, II, p. 327.

prenait pour un chérif de la Mecque, multipliait les talismans sur son passage ; vraie source de bénédictions et de grâces aux yeux des populations fanatiques qu'il traversait (1).

Si on examine avec soin les témoignages des voyageurs qui ont exploré, dans l'aire des Peulhs, des régions diverses et à des époques différentes, on peut en conclure, semble-t-il, que le Fouta-Djalon est resté le vrai centre religieux des Peulhs. Hecquard rapporte qu'au Fouta-Djalon chaque village un peu considérable a sa mosquée, monument déterminé, à laquelle est attaché un marabout, appelé *Tamsir*, *Fodié* ou *Tierno*, suivant son importance (2). Aux environs de Sokoto, au contraire, la mosquée n'est le plus souvent qu'un bâtiment temporaire, comme la « Djama de Magaria » dont parle Clapperton (3). Autour de ce temple grossier, il n'y avait qu'une enceinte carrée de nattes soutenues par des pieux et ouverte d'un seul côté, vers l'Est. Il s'en faut cependant que même dans les bassins du Sénégal et de la Gambie, les mosquées répondent toujours par leur apparence au caractère de l'idée qu'elles représentent. Quelques-unes, les plus rares, se distinguent

(1) Caillié, II, 103, 278 et *passim*.

(2) « Le titre de *Fodié* est le plus haut que prennent les marabouts. Il équivaut au *Docteur* des Français. Le *Tamsir* vient ensuite; c'est ordinairement le chef d'une mosquée. Les *Sérim* ou marabouts sont de simples prêtres. Les *Talibas*, des élèves. » (Hecquard, p. 274; voir aussi p. 326.)

(3) Clapperton, 2e *voyage*, II, 61.

des huttes ordinaires par une construction particulière ; la plupart ne sont ni des cases, ni des
hangars ; ce sont simplement des places plus ou
moins propres, dont la destination est indiquée aux
fidèles par un tracé quadrangulaire de cailloux ou
de petites épines mortes. Quand on n'est pas au
courant de cette insouciance on est exposé à com-
mettre fort innocemment de graves profanations (1).
Dans le Soudan central, Barth remarque que les
mosquées sont très petites ; elles paraissent faites
seulement pour la cour, l'entourage du prince, les
personnages de marque. Elles ont de trop faibles
dimensions pour recevoir le peuple, qui ne s'y rend
jamais et qui remplit ses devoirs religieux dans ses
cases (2). Les prières ne se font donc pas nécessairement dans la mosquée.

Au Fouta-Djalon la cérémonie de la prière offre
un caractère particulier de solennité : ‹ Dès que le
marabout eut commencé le salam, plus de deux
mille personnes se joignirent à lui. C'était vraiment
un spectacle imposant. Dans la vaste plaine qui
précède Foucoumba, l'on n'entendit plus que la voix
d'un seul homme ; tout le monde s'absorbait en
Dieu et personne ne bougeait que pour faire les
génuflexions accoutumées. Je ne pouvais m'empêcher d'admirer le sentiment religieux qui réunissait

(1) Raffenel, p. 435.
(2) Barth, IV, 24; à propos des ruines de la mosquée de Ghasr-
Eggomo.

ainsi tous ces hommes dans une même pensée » (1).
Le Peulh ne manque jamais de faire ses prières ; dans
quelque endroit qu'il se trouve, quel que soit l'intérêt qui le préoccupe, dès que son ombre lui
indique que l'heure est arrivée, il s'arrête, prie et
fait ses ablutions. Les vieillards se joignent d'ordinaire au marabout qui dit cinq fois par jour la
prière à la mosquée ; la prière qui se récite à deux
heures après midi est suivie par une affluence considérable. Ils ont trois grandes fêtes religieuses : le
Gamon, le *Kori* et le *Tabaschi*. Hecquard n'a pas
pu obtenir des marabouts de renseignements sur la
première de ces fêtes. Le *Kori* répond au Baïram
des Turcs ; c'est la célébration de la fin du jeûne.
Le *Tabaschi* correspond, au dire des marabouts, à
l'anniversaire de la naissance du prophète. Le jeûne
du Kori est religieusement observé (2).

Clapperton parlant des Peulhs du Haoussa
donne une opinion moins favorable de l'élévation de
leurs sentiments religieux. Il les représente esclaves
des pratiques, attachés aux minuties, occupés de la
lettre seule de la loi. Les Peulhs du Haoussa
prient cinq fois par jour ; rarement ils prennent la
peine de faire leurs ablutions avant la prière, excepté
le matin ; mais ils font le geste de se laver, portant
les mains à terre, comme s'ils les trempaient dans
l'eau, et marmotant une prière. Toutes leurs prières

(1) Hecquard, p. 271.
(2) *Id.*, p. 327.

sont en arabe ; sur mille nègres ou Peulhs, il n'y en
a pas un, affirme Clapperton, qui comprenne ce qu'il
dit. Tout ce qu'ils savent de leur religion, c'est de
répéter leurs prières en arabe, et de croire fermement que les biens et les propriétés, les femmes et
les enfants de tous les peuples professant une religion différente leur appartiennent ; qu'il est légitime
d'injurier, de voler, de tuer un infidèle (1). « Ils
disent qu'ils croient à la prédestination ; mais c'est
une plaisanterie, car aucune de leurs actions ne le
prouve » (2). Le major Gray déclare qu'il n'a
jamais vu de peuple plus fidèle aux pratiques extérieures du culte que les Peulhs du *Bondou*, et moins
pénétré des devoirs moraux qu'il impose (3).

Cependant, même sous cette forme grossière, le
sentiment religieux exerce le plus souvent chez les
Peulhs une action profonde. Barth remarque que
dans l'Adamaoua il est étrange de voir les païens
indigènes se livrer avec passion à l'usage du tabac
et de la liqueur enivrante appelée *gia,* tandis que
les Peulhs musulmans se refusent ces deux plaisirs.
« Quel contraste avec tant d'autres contrées où la
fréquentation des Européens a pour premier effet
d'habituer les indigènes à la pipe et à l'eau-de-
vie » (4) ! La proscription des liqueurs fortes est un
des services signalés que l'Islamisme, propagé par

(1) Clapperton, 2ᵉ *voyage*, II, 105, 106.
(2) *Ibidem.*
(3) Walckenaer, VII, 163.
(4) Barth, II, 612.

les Peulhs, a rendus à l'Afrique soudanienne. Winterbottom observait déjà « que les Foulahs et les
Mandingues s'abstiennent de liqueurs fermentées ;
ils sont si rigoureux à cet égard que si une seule
goutte tombait sur un vêtement, ce fait seul rendrait
le vêtement impur. Les nations qui ne sont pas
musulmanes boivent des spiritueux avec excès, les
préférant au vin de palmier » (1). Winterbottom
déclare que l'Islamisme porte avec lui des bienfaits
inestimables qui assurent son triomphe sur l'idolâtrie
des nègres (2). Il a vêtu les populations soudanien-
nes ; la nudité primitive recule devant lui ; il a donné
aux populations musulmanes de l'Afrique un vêtement uniforme, la tobé blanche, tunique à larges
manches, et le turban (3). Il contient cette redoutable passion du jeu qui fait des ravages chez toute
la race nègre : les lois des Peulhs défendent le jeu
sous les peines les plus sévères. Clapperton menaça
son domestique, coupable d'avoir joué au jeu du
tchatcha de le livrer aux Peulhs, « qui punissaient
de mort ou d'une manière qui s'en rapproche beaucoup quiconque est pris jouant à ce jeu » (4). Soit

(1) Winterbottom, cité par d'Eichthal, p. 269.

(2) *Ibidem*.

(3) D'Eichthal, p. 267. — Barth, II, 637, IV, 282, 287. Ces
vêtements blancs sont un signe de la pureté de la foi. Dans les processions qui marquent la fin du jeûne, toute la population est vêtue
de blanc ; les petits enfants eux-mêmes portent un turban de coton
blanc.

(4) Clapperton, 2ᵉ *voyage*, II, 63.

Hecquard parle cependant d'un certain jeu nommé *ouri*, pour dispositions naturelles, soit influence de la religion, les Peulhs, bien différents en cela des nègres, n'aiment ni la danse ni la musique : leurs occupations favorites sont la causerie, la lecture du Koran, les travaux des champs, la guerre. Mollien assure que c'est seulement depuis leur conversion à l'Islamisme que les Peulhs ont renoncé aux divertissements favoris des noirs, la danse et la musique. « Je n'ai vu, dit-il, chez eux, d'autres instruments qu'une espèce de guimbarde » (1). Caillié fut témoin à Isaca (2) de la scène suivante : « Les esclaves, hommes et femmes, tous Bambaras, s'étaient mis à sauter, danser et se divertir. Les Foulahs s'en étant aperçus, vinrent à la nuit tombante ; ils étaient environ trente, tous armés d'arcs et de piques. Ils blâmèrent sévèrement la liberté qu'on laissait prendre aux esclaves de danser durant le Ramadan, ajoutant qu'ils semblaient se jouer de la religion et qu'en punition de cette faute il fallait leur faire payer 5,000 cauris. Enfin on parvint à leur faire entendre raison et la querelle se termina aux dépens des esclaves qui reçurent chacun cinq coups de corde dans le dos » (3). L'Islam a donc fait des Peulhs

lequel les Peulhs seraient passionnés. Il se joue avec des graines d'arbres rondes et très luisantes, sur une planchette de bois percée de deux rangs de six trous parallèles. (Hecquard, p. 340.)

(1) Mollien, I, 293.

(2) *Dschaka*, de la carte de Petermann.

(3) Caillié, II, 246. — Au nombre des effets fâcheux produits par l'Islamisme, il faut compter le peu de soin que les nations musulmanes ont des sépultures. Barth est frappé de l'extrême né-

une race austère, ennemie des divertissements, disposée au fanatisme et pleine de mépris pour tout ce
qui contredit l'idée sérieuse qu'ils se font de la
vie (1).

III.

La religion reçoit l'enfant à sa naissance : un
document de la première moitié du xviiie siècle
reproduit par Walckenaer (2), nous fait assister à
une cérémonie d'initiation : « outre la circoncision
qui est en usage pour les enfants mâles, il y a une
sorte de baptême pour les deux sexes. Au septième
jour de la naissance, le père, dans une assemblée
de parents et amis, donne un nom à l'enfant ; le
prêtre l'écrit sur un petit morceau de bois poli. On
tue ensuite pour le festin une vache ou une brebis,

gligence avec laquelle les Soudaniens convertis traitent les tombes.
L'enfouissement des corps est insuffisant pour les défendre contre
les fauves ; au bout de quelques jours, la plupart des cadavres sont
la proie des hyènes. (Barth, III, 172.) On peut déjà se rendre
compte de cette incurie en Algérie : elle nous a particulièrement
frappé au cimetière Mozabite de la *Roche aux Scorpions*, en sortant
de Boghari, sur la route de Bou-G'zoul.

(1) « Ceux qui se piquent d'études et de lumières donnent un tour
spirituel à la doctrine grossière et sensuelle du Koran. Ils ont tant
d'horreur pour l'idolâtrie, qu'ils ne recevraient pas la moindre
peinture dans leurs maisons. » Walckenaer, IV, 22.

(2) Walckenaer, IV, 22. Le document en question est de 1730
environ.

suivant la fortune de la famille. On la mange sur le champ et les restes sont distribués aux pauvres. Après quoi le prêtre lave l'enfant dans une eau pure, transcrit son nom sur un morceau de papier qu'il roule soigneusement et le lui attache autour du cou pour y demeurer jusqu'à ce qu'il tombe de lui-même. » Cette action religieuse qui marque les débuts de la vie de l'enfant continue à s'exercer pendant les années de son éducation. Chez les Peulhs, en effet, comme chez tous les peuples musulmans, l'école est comme une annexe de la mosquée. C'est le sentiment religieux qui en multiplie le nombre et qui en fait sentir le prix. Mungo-Park était déjà frappé « de l'extrême docilité et de l'air respectueux des enfants fréquentant les écoles » (1). Au Bondou, chaque ville de quelque importance a une école : les enfants y apprennent à lire le Koran dans le texte arabe. Leur éducation se borne là ; ils ignorent l'usage des chiffres et peuvent à peine additionner deux nombres simples, sans l'aide de leurs doigts ou sans faire des marques sur le sable (2). Les choses paraissent avoir bien changé depuis le jour où Gray et Dochard écrivaient ces lignes. Le docteur Bayol rapporte en effet que quelques jeunes gens du Fouta-Djalon, après avoir lu et commenté dans leur pays « le livre sacré »,

---

(1) Mungo Park, I, 93.
(2) Walckenaer (d'après Gray et Dochard), VII, 163.

vont au Bondou ou même chez les Maures du Tagant compléter leur éducation (1).

Les provinces du Fouta, et particulièrement le Fouta-Djalon, tiennent encore sous ce rapport le premier rang. « Il y a dans tous les villages des écoles publiques pour les enfants ; les classes se tiennent en plein air soir et matin, à la clarté d'un grand feu. Lorsqu'ils savent lire le Koran ils sont regardés comme très instruits » (2).

Cette supériorité scolaire s'est maintenue au Djalon depuis Caillié. Actuellement encore, les écoles y sont nombreuses. « Les professeurs les plus célèbres sont à Donhal-Fella, à Foucoumba, à Labé et chez les Houbbous, qui sont des marabouts très instruits, mais indépendants de l'almamy du Fouta. Les jeunes filles apprennent à lire, mais on ne leur enseigne que les premiers versets du Koran ; ensuite leur instruction est jugée suffisante » (3).

C'est toujours aux premières et aux dernières heures du jour que l'enseignement est donné, à la clarté de la lampe ou à la lueur du feu. Barth parle des écoliers qu'il a vus l'hiver à quatre heures du matin récitant leur leçon autour d'un maigre feu ou recopiant des versets du Koran (4). Un des caractères originaux de cette société, c'est l'espèce de

(1) *Revue des Deux-Mondes*, 15 décembre 1882, p. 912.
(2) Caillié, I, 330.
(3) Bayol, *loc. cit.*
(4) Barth, II, 657.

vassalité dans laquelle les élèves sont tenus vis-à-vis du maître ; Hecquard a vu à Karentaba (1) une école tenue par l'almamy *Fodié-Sétan*. On se rendait de très loin auprès de lui. Ses élèves étaient tenus de cultiver ses champs et de lui donner la valeur d'un esclave, lorsqu'ils savaient lire le Koran (2). Dans le Timbi, au Fouta-Djalon, le même voyageur rencontra un marabout qui voyageait avec huit *talibas* (enfants apprenant le Koran). On a, en effet, la coutume de confier les enfants à un marabout qui, moyennant un prix convenu, très souvent même pour rien, leur apprend à lire et à réciter l'arabe. En route ces élèves servants portent le bagage de leur maître, vont, dans chaque village où l'on s'arrête, quêter leur nourriture et la sienne ; ils se chargent également de la préparer. Avant de se coucher, ils reçoivent leur leçon, accroupis autour du feu (3). La leçon est tracée avec un morceau de roseau trempé dans une espèce d'encre rouge, sur une planchette appelée *aloa*, que le taliba porte toujours avec lui. Lorsqu'il sait lire il apprend par cœur sa leçon; chaque élève la répète à haute voix (4). Cet exercice

(1) Entre la basse Gambie et la basse Cazamance.

(2) Hecquard, 134. La nature du présent varie; mais le présent est de rigueur quand le « pupille » quitte son tuteur et maître. (Hecquard, 328.)

(3) Hecquard, 249. — Il en est de même, dit Barth (II, 657), dans les écoles Schouas. Les enfants doivent rendre à leur maître toutes sortes de services ; et souvent ils sont aussi maltraités par lui que des esclaves.

(4) Hecquard, 328

produit dans l'intérieur des écoles un bruit assour-
dissant ; leur ton est assez perçant et criard pour
qu'une école en plein vent se trahisse à un demi
mille à la ronde (1). L'acuité et la véhémence de la
récitation passe pour une perfection auprès des
parents. Le meilleur écolier est celui qui a les pou-
mons les plus robustes et la voix la plus claire (2).

Quand les Peulhs s'établirent en vainqueurs sur
le cours du Niger, un de leurs premiers soins fut de
créer des écoles. Caillié remarque que le roi Sego
Ahmadou établit à Djenné et dans la nouvelle ville
de El-Lamdou-Lillahi (fondée par lui sur la rive
droite du Niger) des écoles publiques gratuites pour
les enfants. « Les hommes, ajoute-t-il, ont aussi des
écoles suivant les degrés de leurs connaissances » (3).
Dans le Haoussa, les enfants mâles des grands personnages sont envoyés d'ordinaire dans une autre
ville que celle où résident leurs parents ; un mallem
a soin d'eux. Les gens de la classe moyenne et de la
dernière condition envoient leurs enfants à l'école
pendant une heure au point du jour. Clapperton a
noté là un trait de superstition digne de remarque :
quand le maître a effacé du tableau le verset du
Koran que les élèves doivent apprendre, l'eau qui a
servi à ce lavage est bue par les enfants, pendant que
le maître écrit un nouveau verset sur la planchette (4).

(1) Lander, II, 71.
(2) *Ibid*,
(3) Caillié, II, 207.
(4) Clapperton, 2ᵉ *voyage*, II, 89.

Dans l'Adamaoua, il n'y avait pas encore d'écoles
au temps de Barth. Il y avait seulement dans les
localités de quelque importance un homme instruit
auprès duquel les jeunes gens venaient apprendre
les éléments des connaissances (1). Pour avoir une
idée exacte de ce que sont ces écoles musulmanes,
on peut emprunter à Rohlfs la description qu'il a
faite des grandes écoles de Kouka, dans le Bornou.
Bien qu'il ne s'agisse pas d'écoliers Peulhs, les traits
répondent exactement à ce que nous avons appris
d'eux par d'autres témoignages. Kouka est devenu
sous le gouvernement de son sultan actuel le grand
centre scolaire de tout le pays des Nègres. Il y a
actuellement de 2,000 à 3,000 élèves, échelonnés
de cinq à vingt-cinq ans. On ne leur enseigne qu'à
lire et à écrire mécaniquement ; plus tard ils apprennent les surates nécessaires pour la prière ; quand
ils les possèdent bien, ils passent pour des gens très
instruits. Tous ces étudiants ont pour vêtement une
peau de chèvre ; ils portent une tablette de bois, un
petit encrier en terre avec quelques plumes en roseau
et une calebasse qui leur sert d'écuelle On les voit
tout le jour mendier dans les rues (2). Le Koran
forme la matière exclusive de l'enseignement distribué dans toutes ces écoles, de l'Océan au lac Tchad.
« Lorsqu'ils savent le Koran par cœur, ils passent

(1) Barth, II, 612.
(2) Rohlfs, *Reise nach Kuka.*— (*Mittheilungen, Ergænzungshft*
n° 25, p. 63, col. 2.)

pour des hommes savants » (1). Ils apprennent
l'écriture arabe ; « presque tous peuvent la lire ;
mais peu en connaissent la signification » (2). Barth
est forcé de reconnaître, malgré ses sympathies pour
les Peulhs, que « les livres saints eux-mêmes sont
compris par un petit nombre d'élus, et qu'à l'exception des populations vraiment arabes, ou plutôt
Schouas, la connaissance de l'arabe se borne pour le
vulgaire à une récitation mécanique des principales
prières et des formules de salutation » (3). Rohlfs
déclare que maîtres et élèves comprennent l'arabe
à peu près comme nos écoliers, après un mois d'étude
du grec, comprennent Homère et Xénophon. Tous
parviennent d'ordinaire à le lire et à l'écrire assez
facilement. Hecquard affirme que tous les Peulhs
savent lire et écrire, mais qu'il est défendu d'instruire
les captifs (4). Le docteur Bayol dit que les Peulhs
lettrés écrivent correctement l'arabe et que cette
langue sert aux relations diplomatiques avec les
peuples du Soudan (5). Clapperton estime au contraire qu'il y a environ seulement un dixième des
Fellatah qui sache lire et écrire (6). La divergence
des deux auteurs tient évidemment moins à la différence des époques où l'observation a été faite qu'à la

(1) Caillié, II, 209.
(2) *Ibidem*.
(3) Barth, *Vokabularien*, 1re partie, p. xxx.
(4) Hecquard, 328.
(5) Bayol, *loc. cit.*
(6) Clapperton, 2e *voyage*, II, 106.

différence des régions explorées. Il paraît ressortir
de ces témoignages que cette instruction, toute primitive et d'un caractère religieux, est plus répandue
au Fouta que dans les provinces du Soudan
central.

Il convient naturellement de n'appliquer qu'à la
masse de la nation ces jugements sur le degré inférieur de sa culture. Là comme partout, des personnages ne manquent pas chez lesquels une instruction
plus large a développé heureusement les dons naturels. Barth en trouva plus d'une ; le type de ces
savants de la race peulhe est resté pour lui Faki-
Ssâmbo, dans le Bagirmi. Faki-Ssâmbo n'était pas
seulement versé dans la connaissance de la littérature arabe, il était devenu familier avec Aristote
et Platon par les fragments qui en sont passés dans
la littérature arabe ; il les avait non seulement lus,
mais transcrits. Il avait beaucoup voyagé, il avait
étudié pendant quatre ans dans la mosquée d'El-
Ashar, en Égypte. Seule, la lutte des Turcs et des
Wahabites l'avait empêché de porter ses pas jusque
dans l'Yémen. Barth louait beaucoup l'étendue de
ses connaissances, sa curiosité scientifique et la
justesse de son esprit (1). Il ne faut pas juger de
toute une race par une exception ; mais c'est déjà
quelque chose pour une famille humaine de produire
naturellement de pareils fruits. En résumé, on peut

(1) Barth, III, 330 et seq.

souscrire au jugement de Raffenel qui appelle les Peulhs « un peuple éminemment religieux » (1). Nous aurons bientôt l'occasion d'étudier chez ces mêmes hommes l'action de la religion sur la politique.

(1) Raffenel, 267.

CHAPITRE IV.

La Conquête.

I.

Il n'y a guère plus de trois quarts de siècle que les Peulhs sont sortis de la condition inférieure qui leur était faite dans le Soudan et de leur effacement politique pour s'élever presque soudainement à un rôle dominateur. Avant la transformation que leur fit subir leur grand chef Danfodio, les Peulhs du Soudan n'habitaient pas les villes ; ils vivaient en tribus éparses, tout occupés de l'élève du bétail. Leurs cabanes temporaires s'élevaient au milieu de forêts peu fréquentées ; ils visitaient rarement les villes ; leurs femmes seules s'y montraient par intervalles pour vendre les produits de leurs troupeaux. La tradition veut que la vie des hommes, toute religieuse, s'écoulât dans les exercices d'une dévotion scrupuleuse ; la lecture du Koran et quelques pratiques pieuses la remplissaient. Peut-être le fanatisme surexcité par Danfodio a-t-il, après le triomphe, paré de couleurs flatteuses la vie grossière des générations disparues. Il doit y avoir cependant un fond de vérité; sans une sorte d'incubation religieuse, le mouvement soudain provoqué par Danfodio resterait inexplicable. Clapperton a recueilli, sur l'état des Peulhs du Soudan avant l'ère Danfodienne, des renseignements précis (1). On voyait de temps à autre quelques-uns d'entre eux, les plus doctes, quitter leur solitude et s'engager pour un certain nombre d'années au service des sultans et des gouverneurs musulmans. Ils y amassaient un petit pécule; libres alors et assez riches pour acheter du bétail, ils reprenaient la vie aventureuse de leurs congénères, changeant de pâturages et de province avec les saisons. Ils ne demandaient aux divers gouvernements que la liberté d'élever çà et là leur cabane de paille et de roseaux et le droit de parcourir l'espace ouvert devant eux. Ils semblaient inoffensifs; ils étaient misérables; ils n'inspiraient aucune crainte; car on ne savait rien de leur nombre et rien ne faisait prévoir la soudaine révolution qui allait unir en un faisceau ces forces éparses. Beaucoup d'entre eux avaient fait le pèlerinage de la Mecque; d'autres avaient visité la Turquie et le Maroc, les régences de Tripoli, de Tunis et d'Alger; ils en rapportaient tous les livres arabes qu'ils avaient pu obtenir en don ou acheter (2).

Une ère nouvelle commença pour les Peulhs au

_____

(1) Clapperton, 2ᵉ *voyage*, p. 71, 72.
(2) *Ibid.*

début de ce siècle, peut-être même dès les dernières
années du siècle précédent. Il y avait alors dans les
forêts de l'Adar un homme que l'opinion de ses
congénères semblait préparer à une grande fortune ;
il était très versé dans la connaissance des langues ;
il parlait couramment la plupart des dialectes du
Soudan ; on disait de lui qu'il possédait toute la
science des Arabes et que l'inspiration d'en haut
était plus d'une fois descendue sur sa tête ; on
croyait fermement à son don de prophétie. L'austérité
de sa vie, son ascétisme tournait en sa faveur tous
les esprits ; il était le chef spirituel du groupe Peulh
de la région de l'Adar ; il voulut en devenir le chef
politique, ou bien on rêva de lui faire tenir ce rôle.
Il s'appelait Othman ; mais il était plus connu sous
le nom de Danfodio, que l'histoire a consacré (1).

Les Peulhs ne tardèrent pas à se grouper autour
de lui ; il s'établit alors dans la province de Gober,
où il bâtit une ville. Sous son influence, les Peulhs
prirent pour la première fois conscience de leurs
forces ; des instincts d'organisation politique jusque-

(1) C'est à Clapperton que l'on doit tout ce que l'on sait de cette
transformation politique des Peulhs au début du siècle. Les divers
auteurs, français ou étrangers, qui se sont occupés de cette question,
n'ont fait que reproduire les pages du journal de l'illustre voyageur.
Barth lui-même a largement puisé à cette source. Il rend hommage
(IV, 153) à l'exactitude et à l'art de son récit. — Clapperton prétend que *Danfodio* signifie « *fils de Fodio.* » M. d'Eichthal n'accepte
pas cette étymologie que, selon lui, rien ne justifie ; il se range à
l'avis de M. d'Avezac qui voit dans ce nom la corruption de *Dʒou-
el-Nafadhɣah* (le dévastateur).

là contenus ou ignorés se firent jour soudainement. Les Peulhs commençaient à devenir redoutables comme toute force qui s'organise sous l'empire d'une idée. Danfodio ne tarda pas à intervenir dans les affaires du sultan de Gober ; il blâmait ses actes ou les approuvait, se constituant son juge. Cette attitude déplut au sultan Baoua (1) qui manda Danfodio devant lui, le rappela rudement, lui et les siens, au sentiment de leur humilité politique, et lui ordonna de sortir du pays. Danfodio obéit; il avait résidé jusque-là dans le village de Daghel (2), où il exerçait sur les Peulhs les fonctions d'imam. Il sortit du Gober et s'établit de nouveau dans l'Adar ; mais ce n'était pas pour reprendre la vie nomade qu'il avait autrefois menée dans les bois : il fonda une ville, appela auprès de lui les Peulhs de toute la région voisine qui accoururent en foule, surexcita leurs sentiments religieux, découvrit à leurs yeux de merveilleuses perspectives de gloire et de fortune. La grande époque de l'histoire des Peulhs allait s'ouvrir. Comme il arrive souvent quand un peuple est mûr pour un rôle politique, un fait insignifiant venait de provoquer son émancipation. C'était en 1802 (3).

(1) Barth, IV, 152.

(2) Dans les environs de la ville actuelle de Wourno (Barth, IV, 152).

(3) Il y a quelque incertitude sur la date; Clapperton parlant de la prise de Saria, sur la frontière du Goari et du Segseg, dit : « C'était en 1800, ou bien l'année précédente, ou bien l'année suivante; car dans leurs récits peu leur importe un an ou deux. » (2ᵉ *voyage*, I, 308, 309.)

L'influence de Danfodio sur les Peulhs était toute puissante ; on l'éleva à la dignité de Cheik. Son enthousiasme religieux en faisait l'arbitre absolu des volontés. On a conservé l'hymne qu'il composa pour donner une voix aux aspirations religieuses des siens et soutenir leur élan : cantique et litanie, d'une monotonie qui n'est pas sans grandeur, ce chant proclame la puissance de Dieu, l'éclat de sa vertu souveraine ; il humilie devant sa splendeur les pro- phètes et les patriarches les plus illustres, Adam, Noé, Abraham, Jésus, Mohammed. Les Peulhs avaient leur chant de guerre (1) ; ils reçurent alors de Danfodio une organisation militaire ; ils furent par- tagés en différents corps, sous la conduite de chefs éprouvés, qui reçurent comme signe de leur autorité et de leur mission un drapeau blanc : « Allez, leur dit-il, et faites la conquête du monde au nom de Dieu et du Prophète ». Dans leur foi, les Peulhs crurent alors avoir reçu de Dieu les pays et les richesses de tous les Kafirs. Ces missionnaires armés devaient porter un *tobé* blanc, comme symbole de pureté ; leur cri de guerre était : « *Allah akbar !* » (Dieu est grand). Tout Peulh qui était blessé ou qui périssait dans la mêlée était sûr d'obtenir le paradis (2).

La confiance des Peulhs dans les promesses de

---

(1) Voir le chant du Cheik Othman, *ap.* Barth, IV. *Appendice* III, p. 544.

(2) Clapperton, 2ᵉ *voyage*, II, 67 à 70.

leur chef était entière ; Danfodio exerçait sur la
nation comme sur les siens un empire absolu ; son
frère aîné Abd-Allahi (1), son fils Mohammed-Bello
avaient reconnu la légitimité de son inspiration et de
sa puissance. On l'appelait le chef du Koran, parce
qu'il possédait dans toutes ses parties le livre sacré ;
ce texte était devenu comme la substance même de
son esprit.

L'élan soudain des Peulhs fut irrésistible. Nombreux et pauvres, ils n'avaient qu'à gagner à une lutte
à laquelle ils ne mettaient aucun enjeu. Leurs adversaires avaient toutes les richesses, sans l'esprit de
vigilance qui en garantit la possession ; ils se laissèrent surprendre. Le Kano se soumit sans coup
férir ; les habitants du Gober prirent l'alarme ; ils
voulurent chasser Danfodio de la ville de Sokoto
qu'il avait fondée et qui était devenue sa capitale ;
ils furent repoussés ; Danfodio prit à son tour l'offensive, il attaqua le Gober, tua le sultan et soumit le
pays. Tout le Haoussa, le Koubbi, l'Yaourie tombèrent au pouvoir des Peulhs, dont la domination
s'étendait ainsi sur la majeure partie de la région
entre le Niger et le Tchad, le Bornou excepté. Ce
dernier pays que son importance et sa richesse dési-
gnaient spécialement aux coups des Peulhs fut
attaqué avec vigueur ; plus de quarante ans après,
Barth constatait les ruines faites par les Peulhs,
particulièrement à Ghasr-Eggomo (2), autrefois

(1) Barth, IV, 153.
(2) Dans la province de Koyam, à l'ouest de Kouka. Barth, IV, 23.

ville importante, d'un périmètre de 6 milles anglais, munie de retranchements et de fossés, et qui ne s'est pas relevée de la catastrophe de 1809. De l'autre côté du Niger, entre le fleuve et les monts de Kong, sur la route qui conduit à la Côte des Esclaves, l'Yorouba tentait la convoitise des conquérants. Mais la résistance fut des plus vives ; au premier bruit de l'invasion des Peulhs, les Yoroubani, Kafirs invétérés, firent périr tous les musulmans, indigènes ou marchands appartenant aux caravanes ; ils niaient la maxime que Dieu eût donné aux vrais croyants leur pays et leurs maisons, ainsi que leurs femmes et leurs enfants pour en faire des esclaves (1). La lutte s'engagea dans ces conditions ; « les Peulhs prirent Rakah, Elora et un grand nombre d'autres villes ; ils poussèrent leurs conquêtes jusqu'à la côte maritime ; ils entrèrent une fois dans Katounga, en brûlèrent une partie, rendirent la liberté à tous les esclaves musulmans et encouragèrent les autres à se joindre à eux et à tuer leurs maîtres païens ».

Dans l'intervalle de moins de dix années, la puissance des Peulhs s'était étendue des rives du lac Tchad au voisinage de la mer ; puissance mal assise sans doute, propagée par un rapide mouvement de conquête, exposée à de cruels retours de la fortune, momentanément redoutable par l'opinion qu'elle avait donnée d'elle-même. Danfodio avait établi sa résidence à Sokoto ; il séjourna aussi à Gwandou, puis à Ssifaoua.

(1) Clapperton, II, 67 à 70.

Autour de lui, Peulhs et Arabes étaient accourus de tous les points de la région soudanienne ; le Haoussa devint le cœur de l'empire nouveau. Danfodio donna aux Peulhs et aux Arabes, que sa fortune avait attirés, les terres et les maisons des Nègres que la guerre avait chassés et qui avaient cherché un refuge dans les montagnes ou dans les régions inaccessibles, au delà du Binoué. Tripoli, Tunis, le Maroc envoyèrent auprès de Danfodio des caravanes de pélerins ; la communauté des intérêts religieux faisait oublier la différence de race ; les Arabes saluaient en la personne de Danfodio le propagateur inspiré de leurs croyances ; Danfodio honorait en eux les instituteurs religieux des Peulhs. Ils ne quittaient pas Sokoto sans emporter des présents considérables en esclaves ou en chameaux ; aucun n'était renvoyé les mains vides. « Des flots d'Arabes arrivaient auprès de lui ; ils passaient chez lui pour des chérifs ; ils partaient rarement sans emporter au moins une centaine d'esclaves, des chameaux, des provisions » (1).

Ce triomphe ne dura guère ; l'exaltation religieuse dans laquelle il se maintenait depuis si longtemps troubla les facultés de Danfodio ; il devint fou et pendant plusieurs années encore il se survécut sans retrouver la raison. Sur la fin même, sa folie prit un caractère plus fâcheux ; ses accès pouvaient compromettre l'œuvre du prophète. Il ne cessait de s'écrier

(1) Clapperton, 2ᵉ *voyage*, II, 69.

qu'il était en enfer pour avoir fait périr tant de bons musulmans. La vénération des Peulhs pour leur chef ne fut pas atteinte par le spectacle de ces faiblesses suprêmes ; il resta jusqu'au bout le prophète inspiré, le guide impeccable qui les avait conduits à la victoire. Leur amour se tourna même en culte superstitieux ; quand on rasait la tête de Danfodio, ses cheveux étaient ramassés soigneusement et conservés dans des boîtes d'or et d'argent. Ses adhérents, Peulhs ou Nègres, accouraient de toutes les parties de l'intérieur pour le voir une dernière fois. Les Arabes avaient tenu une tout autre conduite : en même temps que la raison de Danfodio et ses facultés de commandement, leur respect s'était affaibli ; ils exploitaient habilement ses terreurs ; ils en profitaient pour lui dire que certainement il serait damné, à moins qu'il ne fît pénitence en les comblant de présents pour apaiser les mânes de leurs amis (1). C'est dans ces angoisses que s'éteignit en 1816 le chef politique des Peulhs, celui qui les avait tirés « de la terre d'Égypte », qui leur avait appris à vaincre et fait goûter, après une servitude séculaire, la douceur de régner. La mémoire reconnaissante des Peulhs a paré son règne des plus riantes couleurs ; les lois du Koran étaient si strictement observées de son vivant, le pays était si bien policé quand la guerre ne le bouleversait pas, qu'une femme pouvait sans péril voyager d'un bout à l'autre des États

---

(1) Clapperton, 2e *voyage*, p. 72 à 73.

Peulhs avec un panier d'or sur la tête. Clapperton vit à Sokoto le tombeau de Danfodio et la maison habitée par les veuves et les concubines du sultan défunt; l'un et l'autre étaient devenus un but de pèlerinage; les musulmans étrangers ne manquaient pas de les visiter comme des lieux saints, à la vue desquels mille faveurs précieuses étaient attachées.

II.

A la mort de Danfodio (1), ses États furent partagés; la majeure partie échut à son fils Mohammed-Bello qui garda le Haoussa avec tous les pays au Sud et à l'Est. Mohammed ben Abdallah, neveu du fondateur, eut en partage les États à l'Ouest du Haoussa. Bello eut un compétiteur dans la personne de son frère Atego ; mais il eut rapidement raison de ce rival sans énergie ; il le battit, le confina pendant un an dans sa maison et le rendit à la liberté quand il le jugea hors d'état de nuire. Les nombreux enfants de Danfodio vécurent paisiblement et sans éclat à Sokoto.

C'est auprès de Bello que Clapperton fit deux séjours, l'un de six semaines, l'autre de six mois,

(1) Barth (IV, 670) fait mourir Danfodio en 1817.

en 1824 et en 1826-27 (1). Il eut le temps de le connaître et de l'apprécier. Il le tenait pour un homme remarquable, instruit, d'un esprit judicieux. « Le sultan Bello, a-t-il écrit, est un homme de bonne mine, âgé de quarante-quatre ans et paraissant beaucoup plus jeune. Il a cinq pieds dix pouces, une barbe noire et bouclée, une petite bouche, un beau front, un nez grec et de grands yeux noirs. Il portait un tobé de coton bleu et un turban de mousseline blanche, dont le châle descendait sur la bouche et le nez à la mode des Touaregs » (2). M. d'Eichthal pense que le sultan Bello avait conservé avec les traits de sa race la couleur rougeâtre qui la distingue, puisque Clapperton se borne à remarquer qu'il avait la barbe et les yeux noirs (3).

Il ne fallut pas moins que les hautes qualités de Bello pour sauver l'empire Peulh d'un démembrement, au lendemain de la mort de Danfodio. La fortune des Peulhs avait été si rapide que beaucoup ne croyaient pas à sa durée ; une tradition voulait que lorsque Danfodio était simple berger, il eût fait un vœu au grand auteur du mal, lui promettant d'être à jamais son esclave, s'il l'aidait à conquérir le royaume de Haoussa. La requête de Danfodio fut accueillie aux conditions qu'il avait fixées ; mais pour trente années seulement. Après ce terme, les abori-

---

(1) D'Eichthal, op cit., p. 25.
(2) Clapperton, III, p. 80.
(3) D'Eichthal, op. cit., p. 25.

gènes recouvreraient leur liberté, rétabliraient leurs anciennes lois et institutions (1). Les Peulhs n'avaient pas une foi absolue en l'avenir de leur œuvre ; eux-mêmes la croyaient caduque. Cette pensée doublait les forces de leurs adversaires. Aussi, à la mort de Danfodio, vit-on le Gober, le Samfara, une partie du Katsina et du Segseg, l'Yaourie, le Noupé secouer le joug des Peulhs ; il y eut une subite explosion de haines et tous les Peulhs qui tombèrent au pouvoir de leurs ennemis furent égorgés. Il fallut reprendre la lutte pied à pied ; heureusement Bello était un homme de décision ; il ne s'abandonna pas, il rendit confiance aux siens et rétablit en partie leur fortune (2).

Les Lander nous ont laissé (3) un état à peu près complet des conquêtes des Peulhs dans le Haoussa vers 1830. Le Haoussa comprenait : le Katsina, où l'autorité était partagée entre les naturels et les Peulhs, qui cependant ne possédaient pas la capitale ; le Koubbi et le Goari, qui avaient recouvré leur indépendance ; le Samfara, où les Peulhs partageaient l'autorité avec les naturels ; le Kano, entièrement

---

(1) Lander, I, 308. — Cette tradition fut recueillie par les Lander à Kiama, dans le Borgou.

(2) Clapperton (I, 301) donne quelques détails sur la formation du *Towia* ou ligue insurrectionnelle organisée contre les Peulhs à la mort de Danfodio.

(3) Lander, II, 69, 71. — Il est à remarquer que ces voyageurs sont en toute occasion très défavorables aux Peulhs. L'un d'eux écrit (II, p. 241) : « le traitement que j'ai éprouvé à Sackatou m'a donné une extrême aversion pour toute la nation des Fellans. »

soumis aux conquérants; le Gober, affranchi; le Kotokori et le Womba, qui avaient échappé à la conquête lors de la première apparition de Danfodio. La ville de Sokoto, située à l'extrême frontière du Koubbi, n'était pas comprise dans cette province.

Malgré l'énergie dont Bello fit preuve, il ne pouvait suffire à tout rétablir (1); les habitants du Goari s'étant soulevés en masse exterminèrent jusqu'au dernier Peulh; Bello ne fut pas en état de venger cette injure (2). Les habitants de la ville et de l'État de Gober contre lesquels Bello dirigea toutes ses forces réussirent à repousser ses attaques. Il eut à compter avec Doncassa, roi du Katsina et prince héréditaire du Haoussa, que soutenait le cheik du Bornou. Non content de lui fournir des secours en hommes et en chevaux, ce dernier prince lui avait même envoyé son fils pour l'aider à combattre l'ennemi commun. Les expéditions militaires de Doncassa furent plus d'une fois heureuses. Le Bornou, envahi et sérieusement menacé sous le règne de Danfodio, réussit à s'affranchir tout à fait : son

---

(1) Les Lander expriment l'opinion que le courage et l'audace qui avaient rendu les Peulhs invincibles, et qui ne leur étaient pas naturels, s'évanouirent à la mort de Danfodio. « C'est au changement de chef qu'ils attribuent les défaites répétées qu'ils ont essuyées; dès qu'ils cessent de se croire invincibles, ils sont par constitution aussi lâches dans la guerre, aussi indolents dans la paix que les indigènes eux-mêmes » (II, 167). Les Lander (ils en ont fait l'aveu) ne sont pas impartiaux, quand il s'agit des Peulhs.

(2) Lander, II, 70.

exemple soutint les efforts des États moins puissants et moins heureux.

Ainsi la domination des Peulhs sur le Haoussa était ébranlée peu de temps après la mort de Danfodio ; il ne pouvait plus être question d'organiser, dans la région entre le Niger et le Tchad, un pouvoir régulier et paisible. Mais ce serait une erreur de penser que l'élan de la conquête avait été aussi facilement amorti et qu'un effort de vingt années avait épuisé la vigueur agressive de la nouvelle race. Ce mouvement se continua longtemps encore dans les sens les plus divers, avec ce caractère de violence qui accompagne d'ordinaire les révolutions à la fois religieuses et politiques.

Le Bagirmi paraît marquer à l'Est la limite extrême de cet effort de conquête ; vers 1820, trente ans à peu près avant le voyage de Barth, il fut sérieusement menacé par les Peulhs ; les Bagirmiens réussirent à repousser leur assaut et se vengèrent par une expédition heureuse contre Bogo, une des plus importantes places des Peulhs dans le Mandara (1). Le Bagirmi eut beaucoup à souffrir de ce va et vient de bandes armées qu'un échec ne rebutait pas et dont le retour était toujours imminent. Il y avait encore au temps de Barth un grand nombre d'établissements Peulhs, surveillant le pays et préparant son asservissement (2). Il en était de même à l'ouest

---

(1) Barth, III, 393.
(2) *Id.*, 156.

et au sud-ouest du Mussgu (1). Le Mandara était aussi depuis le début du siècle l'objet des convoitises des Peulhs ; ils le soumirent une première fois ; mais leurs progrès furent contenus par l'alliance du sultan du Mandara et du puissant cheik du Bornou, El Kanemy (2). L'Adamaoua ne fut jamais entièrement soumis ; les incursions y furent de tout temps nombreuses ; mais l'action des conquérants n'y avait pas altéré, il y a trente ans, la simplicité patriarcale des mœurs des tribus Peulhes établies de longue date dans le pays (3).

C'est surtout du côté du Niger et vers le Sud-Ouest dans la direction de l'Océan que les efforts les plus persistants furent dirigés par les Peulhs. « Si nous pouvions, disaient-ils, arriver à l'eau salée, le monde serait à nous » (4). Lors de son second voyage (1825 à 1827), Clapperton trouva tout le pays entre les montagnes de Kong et le Niger traversé par des bandes de Peulhs (5). Dans le Noupé, région fertile riveraine du Niger, les conquérants usèrent d'expédients ; ils suscitèrent plusieurs révolutions dont le résultat fut de bouleverser ce pays et de fortifier le parti de l'étranger qui finit par s'y établir en maître. Deux princes, deux frères, se disputaient le Noupé ; l'un, Edérésa, avait été reconnu par toute la nation

(1) Barth, III, 165.
(2) Lander, I, 309, 311, 337.
(3) Barth, II, 611.
(4) Lander, II, 320.
(5) Clapperton, I, 274.

comme souverain légitime, Son rival, Magia, implora l'assistance de Bello. Les Peulhs intervinrent dans la querelle des deux frères, battirent Edérésa, le déclarèrent déchu et proclamèrent à sa place celui dont la reconnaissance devait leur livrer le pays. Magia s'engagea à payer tous les six mois à Bello un tribut consistant en esclaves et en tobés des meilleures manufactures du pays. Bientôt les protecteurs de Magia trouvèrent un prétexte pour recommencer la guerre civile. Ils en profitèrent pour revenir en nombre plus considérable; leur chef, Mallam Dendo, était cousin de Bello; il s'établit dans la grande ville de Rabba sur le Niger, et partagea avec Magia la souveraineté du royaume (1). De nouveaux troubles intérieurs fournirent aux Peulhs un prétexte pour étendre leurs établissements; la guerre ruinait le pays et ne profitait qu'à ses envahisseurs.

Il en fut de même de l'Yorouba. Quand ils traversèrent ce pays, les Lander furent frappés de l'air de tristesse et du calme d'une ville naguère animée et prospère, Katounga. La mollesse et l'incurie des Yoroubani avaient favorisé les progrès des Peulhs qui s'étaient déjà solidement établis au centre même du royaume. Ils venaient de fonder une ville d'une immense étendue qui surpassait de beaucoup Katounga en richesses et en population, Ilori. Cette ville, aujourd'hui l'une des plus importantes de cette

(1) Lander, II, 66 à 69,

région, était déjà, vers 1830, la plus grande et la plus florissante de l'Yorouba. Sa circonférence était, disait-on, de deux jours de marche ; une forte muraille la mettait à l'abri d'un coup de main (1).

Le Borgou était au même moment l'objet de l'attaque des Peulhs ; ils s'emparèrent de Coubly et forcèrent le sultan du Borgou à payer un tribut annuel à Bello (2).

Dans la région sénégambienne, l'émancipation politique des Peulhs n'avait pas suivi une marche différente. Le docteur Bayol, qui a résumé l'histoire de cette double révolution religieuse et politique (3), rapporte, d'après le témoignage d'Alfa Hamadou, chef de Facoumba, l'histoire d'un de ces initiateurs. « Karamoko Alfa venait de se marier depuis peu avec une jeune et belle fille. Un jour il annonça à sa femme que Mohammed lui était apparu et lui avait dit que, s'il priait longtemps, isolé de tous les siens, Dieu lui donnerait la gloire de convertir les infidèles et qu'il deviendrait le chef de son pays. Karamoko se retira dans une case à Facoumba et y resta pendant sept ans, sept semaines et sept jours, demandant à Allah la conversion des idolâtres. Jamais il ne permit à sa femme de pénétrer jusqu'à lui. Il vécut seul, jeûnant toute la journée, ne prenant qu'une faible nourriture que lui faisait passer un captif après

---

(1) Lander, I, 256 à 259.
(2) Id., I, 344.
(3) Revue des Deux-Mondes, 15 décembre 1882, p. 917.

le *salam* du soir. Il y avait sept ans, sept semaines et sept jours qu'il vivait ainsi dans l'isolement et le recueillement le plus absolu, lorsque son épouse, frappant à la porte, lui cria : « Allah soit loué ! tes « prières ont été entendues, et le Fouta te réclame « pour chef pour marcher contre les infidèles ». Tous les anciens, en effet, réunis à Facoumba, venaient de nommer Karamoko Alfa chef suprême des Peulhs. C'est aussi un chef religieux, Modi Mamadou Djoué, qui, sous le règne des almamys Omar et Alfaia Ibrahima Sory, s'érigea en chef politique des Houbbous et devint comme un troisième Almamy (1).

Le mouvement de conquête provoqué par l'enthousiasme religieux s'étendit alors jusque sur le bassin du Niger. Caillié raconte que le pays de Djenné fut conquis sur les Bambaras par les Peulhs. Sego Ahmadou, Peulh d'origine et musulman fanatique, s'empara d'une partie du Bambara, y établit sa religion et s'y fit obéir. Il fit de Djenné sa capitale, imposa un tribut aux Bambaras qui refusèrent de se convertir. Au moment du passage de Caillié, il faisait une vigoureuse propagande armée contre les Bambaras de Ségou. Cette guerre avait ruiné en partie le commerce de Djenné, en interceptant toute communication avec Yamina, Sansandig, Bamakou et le Bouré (2). Le mouvement commercial de Djenné

(1) Bayol, *Revue des Deux-Mondes*, 15 décembre 1882, p. 923.
(2) Caillié, II, 160, 207, 214, 330.

gênait les habitudes de recueillement et les vues religieuses de Sego ; il ne tarda pas à délaisser Djenné
pour créer une nouvelle ville sur la rive droite du
fleuve ; « il lui donna le nom de El-Lamdou-Lillahi
(à la louange de Dieu), première phrase d'une prière
du Coran ». Il s'attaqua même à Timbouktou, dans
son indignation de voir les Touaregs imposer des
droits aux barques qui venaient de son pays ; et la
grande ville du Soudan central fut longtemps disputée
entre les deux peuples (1).

Il n'y a pas encore trente ans, le fanatisme des
Peulhs, surexcité par un marabout Toucouleur, originaire du Fouta, parut menacer un moment notre
colonie du Sénégal. Omar El Hadji s'était retiré dans
le Djallonkadougou, où il faisait une active propagande religieuse. Il vit rapidement se former autour
de lui une armée de talibés peulhs, Toucouleurs et
Serracolets (2). En 1854 il prêcha la guerre sainte,
le *Gihad*, et leva l'étendard du prophète ; il dévasta
le Bambouk, menaça les établissements français et
s'approcha de Bakel qu'il n'osa attaquer. Le Kaarta
fut soumis et la victoire amena autour d'Omar El
Hadji plus de 20,000 hommes que sa prédication
enflammait. Le général Faidherbe sauva le Sénégal.

---

(1) Les Peulhs du Massina s'emparent de Timbouktou au commencement de l'année 1826. — En 1844, les Touaregs se substi-
tuent à eux dans l'occupation de cette ville. (Barth, IV, 670.
Chronologische Tabellen über die Geschichte von Sonrhay.)

(2) Le capitaine J. Ancelle, *les Français au Sénégal* (*Revue de
Géographie*, mars 1883).

Il avait, en vingt-deux jours, construit un fort à Médine ; ce fort improvisé soutint pendant quatre-vingt-dix-sept jours l'effort de toute l'armée d'Omar. Le général Faidherbe le battit quelques jours après et le rejeta dans la direction de Dinguiray (1) (1856). L'année suivante fut marquée par une nouvelle tentative et un nouvel échec du prophète ; enfin, en 1859, le général Faidherbe enlevait le village fortifié de Guémou, qu'Omar avait élevé aux environs de Bakel pour surveiller nos établissements.

Omar El Hadji se retourne alors vers l'intérieur ; il renverse l'émir de Massina, se fait reconnaître et confirmer par le grand marabout Ahmed El Bekay, et fixe sa résidence non loin du Niger, à Hamda-Alahi. Il donne à son fils le sultanat de Segou. Bien que Toucouleurs d'origine, le père et le fils sont soutenus par un grand nombre de Peulhs dont ils flattent les instincts religieux. Les guerres de ces deux chefs fanatiques ont amené de grandes modifications dans les relations de peuple à peuple sur le haut Sénégal et dans le bassin moyen du Niger. Cependant, grâce à leur organisation politique, à leurs mœurs sévères, à l'énergie de leurs croyances, les Peulhs sont encore le peuple le plus influent et le plus redouté dans cette partie de l'Afrique, du Sénégal au Bornou (2).

(1) Le capitaine J. Ancelle, *les Français au Sénégal* (*Revue de Géographie*, mars 1883.)

(2) Hartmann, *Die Nigritier*, p. 470.

Le général Faidherbe a résumé en un tableau rapide les conquêtes des Peulhs depuis un siècle (1) :

1° Abdou-el-Kader fonde au commencement du XVIII° siècle (2) l'État théocratique du Fouta séné-galais : 4,000 lieues carrées ;

2° Dans le cours du XVIII° siècle, Sidi fonde le Fouta-Djalon : 4,000 lieues carrées ;

3° Fin du XVIII° siècle, fondation du Bondou musulman par l'almamy Ibrahima, du Fouta-Djalon : 2,000 lieues carrées ;

4° Commencement du XIX° siècle (3), Othman-Fodio torodo et son fils fondent un vaste empire peulh entre le Niger et le lac Tchad (royaumes de Sokoto et de Gwandou) : 20,000 lieues carrées ;

5° Commencement du XIX° siècle, Ahmadou-Labbo fonde un État peulh le long du Niger, entre Timbouktou et Ségou. Timbouktou finit par lui être soumis : 4,000 lieues carrées (4) ;

6° De 1857 à 1861, El Hadji-Omar torodo, repoussé du Sénégal par le gouverneur, fait la conquête des puissants États du Kaarta et de Ségou : ensemble 1,500 lieues carrées ;

7° Les dernières nouvelles du Sénégal annoncent que Ahmadou-Cheikhou torodo, des environs de Podor, déjà maître du Djolof depuis quelques

---

(1) *Grammaire et vocabulaire...*, p. 9.
(2) Barth (IV, 668) donne la date 1770.
(3) 1803 à 1804, d'après Barth (*ibid.*).
(4) Vers 1816.

années, vient d'envahir le Cayor d'où il a chassé le Damel. Ce serait donc la fondation d'un nouvel et septième État peulh, celui-ci aux dépens des pays Wolofs : 5,000 lieues carrées. L'intervention des forces françaises a sauvé pour cette fois encore les États wolofs.

En réalité, les Peulhs sont maîtres presque partout, du cap Vert au lac Tchad, sur trente degrés de longitude et entre les latitudes de 10° à 15° nord, c'est-à-dire de 80,000 à 90,000 lieues carrées. Le général Faidherbe est loin de penser que leur mouvement d'expansion soit terminé : « Il n'en arrivera pas moins fatalement, dit-il, dans un temps donné, que les Pouls, purs ou croisés, étendront leur domination jusqu'à l'embouchure du Sénégal, comme ils le feront jusqu'aux bouches du Niger ».

III.

On ne sait vraiment s'il convient de donner le nom de guerres à des expéditions comme celles des Peulhs, telles qu'on les représente au début du siècle. C'étaient plutôt les ravages de bandes déchaînées. Il ne paraît y avoir eu d'organisation militaire et de discipline que dans le voisinage même de la capitale et sous l'œil du sultan ; à mesure que l'on s'éloigne de Sokoto ou de Timbo, on voit les liens se relâcher et l'autorité perdre ses droits. Aussi leurs incursions sans cesse renouvelées épuisaient-elles un pays plus qu'une guerre méthodiquement conduite. Clapperton et les frères Lander qui ont visité cette partie de l'Afrique pendant cette période, parlent à chaque page des ravages faits par les Peulhs et de la terreur qu'ils font peser sur des régions entières. Dans le Borgou, les Lander font halte au milieu des ruines d'une grande ville abandonnée depuis peu par ses habitants; des ossements blanchis couvraient le sol. On leur apprit que la ville avait été surprise et pillée par les Peulhs qui avaient passé au fil de l'épée tous les habitants qui avaient organisé la résistance et emmené les autres en esclavage (1). Dans tout le Haoussa, plusieurs milliers de soldats de Bello, répandus au hasard dans les campagnes, commettaient toutes sortes de crimes, et marquaient leur pasage par le vol, la destruction et l'assassinat. Le gouvernement de Bello ne s'étendait guère au dehors de l'enceinte de Sokoto; partout ailleurs la répression était nulle, ou si tardive que l'effet en était perdu. Dans le Noupé, on citait des villes incendiées une fois par les Peulhs, bâties et ruinées de nouveau dans le court espace de vingt années (2). Les hommes allaient en armes au travail des champs, pour prévenir les irruptions imprévues des Peulhs. Avant leur arrivée dans le Borgou, les habitants cultivaient

(1) Lander, I, 346.
(2) Clapperton, I, 278.

sur des espaces considérables le riz et le blé; après leur passage, il était devenu impossible de se procurer du blé à n'importe quel prix, les Peulhs ayant emporté tout le grain récolté, arraché et détruit les épis dans les champs (1). Il en était de même dans tous les pays dont l'occupation n'était pas devenue définitive et que menaçaient des incursions journalières (2).

Ces procédés violents de pillage, cette spoliation méthodique ne furent pas appliqués aux régions voisines de Sokoto, qui firent, dès l'origine de la conquête, partie intégrante de l'Empire. Une des manœuvres ordinaires des Peulhs consistait dans le fait d'ouvrir des asiles dans les villes abandonnées, d'appeler à eux les esclaves de l'ennemi en leur promettant la liberté. Dans le Haoussa, comme dans la région sénégambienne, le Noupé et l'Yorouba, cette façon d'intéresser à leur succès et au maintien de leur domination toute une partie de la classe servile, contribua puissamment à leur fortune (3).

Nous pouvons nous représenter, d'après de nombreux témoignages, la physionomie d'une armée peulhe, l'armement de l'individu, sa manière de combattre, de se défendre, de fortifier ses places ou de réduire celles de l'ennemi. Les Peulhs sont d'ordinaire d'excellents archers; leur arc très long, et

(1) Lander, I, 344.
(2) Barth, II, 510
(3) D'Eichthal, *op. cit.*, p. 15.

leurs flèches empoisonnées sont des armes très meurtrières (1). Leur adresse au tir de l'arc est extrême ; Raffenel a vu dans le Fouta-Djalon des Peulhs atteindre à trente pas un but du diamètre d'une pièce de 5 francs. Mollien vantait déjà la sûreté de leur tir (2). Aujourd'hui, dans le Fouta, on les voit quelquefois armés de fusils ; mais c'est le plus petit nombre ; Gray et Dochard nous ont laissé un portrait de chef de Bondou qui mérite d'être reproduit : « Ils portent un poignard de neuf ou dix pouces de long, et un fusil simple ou double ; une épée soutenue au côté par un baudrier, et un ou deux pistolets enfermés dans des étuis de cuir de diverses couleurs suspendus au pommeau de la selle. Un sac de cuir, plein d'eau, un autre plus petit contenant du couscous sec, une tabatière, un licou de cuir pour le cheval, composent tout l'équipement d'un cavalier nègre » (3). Hecquard vante leur habileté dans le maniement du cheval : les chefs peulhs du Fouta-Djalon sont amateurs de chevaux ; il les vit exécuter des fantasias avec une adresse et un entrain remarquables (4). Les armes communes à

---

(1) Raffenel, p. 268. — « Le poison dans lequel ils les trempent est une espèce d'*échites* ; il a un effet terrible. On cite principalement celui qui se prépare à Boié. » (Mollien, II, 183.)

(2) « Un de leurs guerriers avait dans son carquois cinquante flèches ; quarante-sept portèrent coup. » (Mollien, II, 183.)

(3) Walckenaer, VII, 164. — Sous le nom de nègre, les deux auteurs veulent désigner ici un chef peulh.

(4) Hecquard, p. 286.

tous les Peulhs sont l'arc, la lance, la sagaie, et des coutelas fort courts qu'ils manient d'une façon redoutable. Ils portent parfois trois ou quatre lances, qu'ils tiennent d'une seule main ; les hampes en sont très minces ; leur longueur est de cinq pieds (1). La valeur individuelle de chaque combattant fait toute la force de ces armées ; car la discipline y est chose à peu près inconnue ; le seul ordre qui paraisse régner dans ces armées, c'est que chacun se place à l'Est ou à l'Ouest, au Nord ou au Sud, suivant la position relative de sa province ; du reste, tout est mêlé confusément, sans la moindre régularité ; l'homme qui, par son grade, vient après le gouverneur de la province, dresse sa tente près de la sienne. Les troupes de Kano elles-mêmes, qui passaient alors pour les meilleures, n'inspiraient à Clapperton qu'un sentiment de profonde pitié (2). Denham donne une idée assez exacte du caractère de la guerre, telle que peuvent la faire de semblables armées. « Les Fellatah avaient coupé un défilé ; ils avaient dressé d'une colline à l'autre une très forte ligne de palissades bien pointues, hautes de six pieds et liées ensemble par des courroies de peaux crues ; leurs archers étaient placés par derrière et sur le terrain en pente. On voyait de tous côtés les femmes fournissant aux hommes des flèches dans le combat. Quand ils se retirèrent sur les collines, toujours tirant sur l'ennemi

(1) Caillié, II, p. 161.
(2) Clapperton, II, p. 26.

qui les poursuivait, les femmes venaient à leur
secours en faisant rouler de grosses masses de
rochers minés auparavant dans ce dessein » (1).

Le siège de Coumia, capitale du Gober, par les
troupes de Bello, donne une idée exacte des pratiques
guerrières des Peulhs. Le nombre des combattants
était au moins de 50 à 60,000 hommes ; les fantassins
formaient plus des neuf dixièmes de l'armée. Un
espace de trois cents mètres tout autour des murs
offrait un cercle épais d'hommes et de chevaux. Les
cavaliers se tenaient hors de la portée de l'arc ; les
fantassins se portaient en avant et entretenaient un
feu irrégulier avec une trentaine de fusils ; en même
temps ils tiraient des flèches. Dès qu'il avait fait feu,
le soldat se retirait hors de la portée des flèches pour
charger son arme. Tous ces fusiliers étaient des
esclaves ; pas un Peulh n'avait d'arme à feu. De
temps en temps un cavalier galopait jusqu'au fossé,
en ayant soin de se couvrir de son large bouclier de
cuir ; puis il s'en retournait aussi vite qu'il était allé.
Enfin les hommes revêtus d'armes ouatées firent un
mouvement en avant. De loin ils n'avaient pas mauvaise apparence ; le sommet de leurs casques était
orné de plumes d'autruche noires et blanches, et les
côtés garnis de morceaux de fer-blanc qui brillaient au
soleil ; leurs longs manteaux ouatés, de couleurs
éclatantes, couvraient une partie de la queue de leurs
chevaux et pendaient jusque sur les flancs de leur

(1) Denham, I, 338.

monture; l'armure du cheval sur le cou était dentelée et ondulée pour lui donner l'air d'une crinière; sur le devant de la tête et sur les naseaux s'étendait une plaque de fer-blanc. Le cavalier, écrasé par le poids de son manteau ouaté, ne pouvait monter à cheval sans un aide; il fallait que deux hommes le soulevassent. Le cri d'Allah Akbar retentissait par intervalles dans toute l'armée; c'est le cri de guerre des Peulhs. Leur drapeau est blanc; la hampe est une branche de palmier; ce n'est pas un honneur de le porter; on laisse ce péril aux esclaves (1). Clapperton, qui nous a laissé ce récit, tient en médiocre estime l'organisation militaire des Peulhs et leur courage même. Il paraît avoir, sur ce dernier point, dépassé la mesure; car son témoignage est contredit à chaque pas par celui d'autres voyageurs.

Les Peulhs semblent ignorer absolument l'art des sièges : même au Fouta-Djalon, où les qualités militaires de la race se sont mieux conservées, on les dit incapables de réduire une place qui veut se défendre. Quelques-unes des nations qu'ils attaquent continuellement construisent pour leur défense des forts avec des solives et des briques, dont les murs ont deux mètres d'épaisseur. Ils sont carrés et ont une tour avec des escaliers à chaque angle. Il y a des meurtrières percées dans les murailles; la forteresse est entourée d'un fossé large et profond. Les Peulhs ne savent que bloquer ces forts; mais si le fort

(1) Clapperton, II, 34 à 41.

assiégé renferme une source et si les vivres ont été
assurés pour un certain temps, il n'a rien à craindre
de l'ennemi, qui, ne sachant pas prendre l'offensive, se
lasse rapidement et se retire (1). Ce témoignage de
Watt et Winterbottom se rapporte à la fin du siècle
dernier ; mais le temps n'a rien changé à l'état de
choses qu'ils ont observé et décrit.

Incapables de réduire une place bloquée par des
travaux réguliers, il est naturel que les Peulhs aient
foi dans les constructions défensives de toute nature.
Ils entourent leurs villes de murs de terre, avec un
profond fossé ; le long du mur règne une palissade
de pieux grossièrement taillés, que l'on fixe perpen-
diculairement et par les interstices desquels les
assiégés peuvent lancer les projectiles. Denham décrit
la ville de Katagoum, sur la frontière du Bornou :
« c'est, dit-il, la ville la plus forte que nous ayons
vue depuis Tripoli ; elle figure un carré dont les
quatre côtés regardent les points cardinaux ; elle est
défendue par deux murs parallèles en argile rouge
et trois fossés à sec, dont un extérieur, un intérieur,
un entre les deux murs ; les murs sont hauts de
vingt pieds ; ils ont dix pieds d'épaisseur à la base;
ils diminuent progressivement jusqu'au sommet où
ils n'ont que la largeur d'un petit sentier ; on y
monte par des escaliers placés de distance en
distance » (2).

(1) Walckenaer, d'après Watt et Winterbottom, VII, 259.
(2) Denham II, 368.

Ce n'est donc pas à une supériorité militaire bien
établie que les Peulhs ont dû leurs succès ; redoutables un moment par le vigoureux élan que leur
communiquait leur fanatisme religieux, ils n'ont pas
réussi à se donner une organisation militaire qui mît
à l'abri de toute surprise la prépondérance rapidement obtenue dans l'ardeur de leur propagande.
Leurs chefs ont été plutôt des inspirateurs religieux
que des hommes de guerre, et la fortune de leur
empire a souffert de cette insuffisance.

Ils n'en sont pas moins supérieurs aux peuples qui
les entourent par quelques-unes de leurs qualités
intellectuelles et morales. Ils ont un sentiment très
profond de la dignité de leur race. « Le Fouta Toro,
disait Mollien, est selon ses habitants le pays le premier
du monde, et le Poule est l'homme par excellence.
Malgré leurs défauts, ils ont une grande qualité ; ils
ont un esprit national » (1). Barth leur rend un semblable témoignage : « J'ai déjà eu l'occasion de
remarquer que chez les Foulbe domine à un degré
éminent quelque chose de l'esprit républicain ; en
général ils ont les manières et les mœurs d'hommes
nés libres et qui se sentent tels » (2). Ils s'éloignent
profondément par là de la race nègre qu'ils regardent
comme condamnée à l'esclavage pendant sa vie et
aux feux de la damnation dans l'autre monde. Mais
ils sont loin d'avoir au même degré la douceur de

(1) Mollien, I, 285.
(2) Barth, II, 640.

cette race déshéritée ; ils n'ont pas la bonhomie, la bienveillance native des noirs proprement dits. « On ne songerait pas à faire des Arabes des esclaves ; ils assassineraient leurs maîtres. On ne cherche non plus jamais à garder comme esclaves des Pouls adultes ; ils se sauveraient indubitablement.

« Quant aux femmes pouls, il y a un proverbe à Saint-Louis qui dit que si l'on introduit une jeune fille poul dans une famille, fût-ce comme servante, comme captive, elle devient toujours maîtresse de la maison » (1).

Barth, qui les aimait, était forcé de reconnaître qu'ils ont un extraordinaire penchant naturel à la méchanceté (2). Il concluait en disant que « les Foulbe forment une sorte de race intermédiaire entre les Arabes et les Berbers d'une part, et les Nègres de l'autre ; et c'est encore plus vrai sous le rapport du caractère que sous le rapport de la couleur ». Mollien leur reprochait déjà d'exercer l'hospitalité moins par un sentiment de bienveillance que pour satisfaire un besoin de vanité et d'ostentation (3). Hecquard dit aussi des Peulhs pasteurs de la Gambie qu'ils sont peu hospitaliers et qu'ils ne donnent jamais rien sans y être forcés par la certitude d'une compensation supérieure (4). Mais per-

---

(1) Faidherbe, *Grammaire....*, p. 3.
(2) Barth, II, 5o5.
(3) Mollien I, 285.
(4) Hecquard, p. 195.

sonne ne leur refuse l'intelligence et la vivacité de l'esprit : « ce sont des orateurs remarquables; ils savent suivre le fil de leurs discours au milieu des interruptions les plus violentes ; ils sont très diplomates, comme les Arabes, et s'emportent, comme beaucoup de méridionaux, à froid, calculant et pesant chaque expression » (1). Ils ont un goût prononcé pour la musique ; leur oreille est très délicate. « Les personnes du premier rang se font un honneur de savoir toucher quelque instrument » (2); leur musique ne ressemble en rien au tapage infernal des nègres de Guinée, qui frappent à tour de bras sur leurs tamtams et soufflent à perdre haleine dans des dents d'éléphant. Ils ont un tout petit violon dont ils tirent des sons agréables et très doux (3). Hecquard a vu les Peulhs pasteurs, au sud-ouest du Fouta-Djalon danser au son d'une clarinette à six trous, simple roseau au bas duquel était une petite calebasse coupée en deux et servant de pavillon : les sons de cet instrument rappelaient ceux de la musette (4). Leur danse est élégante ; elle demande beaucoup d'agilité et de souplesse et ne ressemble en rien au trémoussement impudique des Nègres.

La curiosité scientifique des principaux d'entre eux a frappé tous les voyageurs, aussi bien dans la

---

(1) Bayol, *loc. cit.*
(2) Brue, cité par d'Eichthal, p. 56.
(3) Faidherbe, *Grammaire...*, p. 28.
(4) Hecquard, p. 223.

région sénégambienne que dans le Soudan central (1).
Beaux parleurs, riches en compliments, respectueux
des formules de salutation les moins simples (2), ils
restent un composé étrange et intéressant de barbarie
et de civilisation, de bons et de mauvais instincts, de
généreuses aptitudes à moitié étouffées, d'aspirations
mal satisfaites vers un état social supérieur dont ils
sont encore bien éloignés. C'est en définitive une
« race plus active, plus intelligente, plus impérieuse
que celle des Nègres » (3). On peut lui assigner une
place plus ou moins haute parmi les races africaines ;
on ne saurait du moins contester l'originalité de
quelques-uns de ces caractères. M. d'Eichthal a dit
avec raison : « Un peuple nomade, pasteur, conqué-
rant, propagandiste est une exception unique dans
l'histoire du continent africain, ou du moins de la
partie située au sud du Sahara et habitée par les
races noires » (4).

(1) Hecquard, p. 288. — Barth, II, 544. « Le Mallem et ceux qui
l'accompagnaient n'étaient pas seulement étonnés de voir mes instruments ; mais ils se montrèrent très intéressés par la vue d'une
carte d'Afrique que je leur montrai. Ils admiraient surtout le pro-
longement du continent vers le Sud, dont ils n'avaient naturellement aucune idée. »

(2) Le docteur Bayol en donne d'intéressants exemples, *loc. cit.*,
p. 911.

(3) D'Eichthal, *op. cit.*, p. 53.

(4) *Ibid.*, p. 42.

CHAPITRE V.

Caractères généraux : vie pastorale, agriculture, industrie, costume, habitations, villes.

I.

« Le trait dominant des Peulhs dans leur développement social, c'est tout d'abord leur caractère de peuple pasteur, et un penchant à l'Islamisme qui a été plus d'une fois porté jusqu'au fanatisme. Ce double caractère les a fait assimiler souvent aux Arabes, et comme le remarque Barth, cette ressemblance a singulièrement facilité leur expansion, surtout dans les régions où les Peulhs se sont présentés après eux » (1).

Ce caractère de peuple pasteur est marqué de

(1) Waitz, II.

traits si profonds que certains auteurs en ont exagéré
l'importance ; on est allé jusqu'à faire des mœurs
pastorales comme le privilège exclusif des Peulhs
dans cette région de l'Afrique. M. d'Eichthal n'a pas
craint de dire que sur le Niger, dès que les Peulhs
émigrent, le gros bétail disparaît avec eux (1). C'est
une exagération évidente ; dans le Noupé, Clapperton
trouve des bœufs avant l'établissement des Peulhs (2);
à Ouomba, ville indépendante des Peulhs, il constate également que les habitants ont en grande
quantité des moutons, des bœufs et des chevaux (3).
Les Peulhs n'ont pas réussi à s'établir en masse sur
le golfe de Guinée ; on n'y rencontre que des individus
isolés. Cependant à Badagry, la classe aisée possède
des moutons et des bestiaux originaires du pays.
« Le roi lui-même est nourrisseur et boucher.
Lorsqu'il a besoin d'argent il fait tuer un de ses
bœufs et le fait vendre publiquement au marché » (4).
Les habitants du Baleya, qui sont Djalonkés,
vivent du beurre et du lait que leur fournissent leurs
bestiaux (5) ; à Djenné, les naturels ont en abon-
dance de jeunes taureaux, des cochons et des
chèvres (6) ; dans le village de Tangrera, habité par
des Bambaras et des Mandingues, Caillié vit des

(1) D'Eichthal, *op. cit*, p. 6.
(2) Clapperton, *second voyage*, I, ch. 4.
(3) *Ibid.*, I, 293.
(4) Lander, I, 101.
(5) Caillié, I, 363.
(6) Lander, I, 152.

troupeaux de bœufs, de moutons et de chèvres (1).
Il n'est pas plus exact d'affirmer que la race nègre
ignore absolument l'art de l'élevage et de l'opposer sur
ce point à la race peulhe. Entre autres exemples, on
peut citer les Dinkas, peuple nègre de la région du
Bahr-el-Ghazal, qui élève des troupeaux de bœufs de
plusieurs milliers de têtes. Schveinfurth parle de
leur passion pour l'élevage. Ces troupeaux qui
comptent parfois de 2,000 à 10,000 bêtes appartiennent à l'espèce zébue (2).

Il convient donc de faire des réserves sur l'affirmation de M. d'Eichthal. Les Peulhs ne sont pas les
souls éleveurs de la région sénégambienne et soudanienne ; mais il est juste de reconnaître que par le
développement qu'ils ont donné à cette industrie, la
passion et l'intelligence qu'ils y apportent, ils se
sont placés au premier rang, laissant les autres loin
derrière eux, et qu'ils méritent par excellence le titre
de peuple pasteur.

Les Peulhs sont pasteurs, dit Mungo Park ; sur
les bords de la Gambie, leurs troupeaux sont toujours plus nombreux et en meilleur état que ceux des
Mandingues. Leur adresse pour élever le bétail fait
qu'ils le rendent extrêmement doux et familier. Aux
approches de la nuit, ils le font sortir du bois où ils
l'ont mené paître le jour et ils l'enferment dans des
parcs qu'ils appellent *korries* et qui sont construits

(1) Caillié. II, 99.
(2) Schweinfurth, *Au cœur de l'Afrique*, trad. Loreau, I. 160.

près des villages. Au milieu de chaque korrie, il y a une cabane dans laquelle un ou deux bergers passent la nuit pour écarter les voleurs et entretenir les feux destinés à effrayer les bêtes féroces (1). C'est la pratique usitée dans le royaume de Bondou. L'habileté des Peulhs comme éleveurs est si bien connue que les Mandingues s'en remettent entièrement à eux du soin de leurs troupeaux. Après la moisson du riz, les Peulhs mettent les troupeaux dans les champs moissonnés. La nuit ils les parquent dans un enclos où chaque vache est attachée à un pieu avec des liens d'écorce d'arbre. Elles y passent la nuit sous la surveillance de gens armés. Les veaux sont parqués dans un lieu encore plus sûr (2). Moore, qui nous a fourni ce détail d'observations, fait remarquer que les Peulhs sont presque le seul peuple de cette région de l'Afrique de qui l'on puisse acheter des troupeaux. Il rapporte que, quelque temps auparavant, on pouvait avoir une vache en échange d'une barre de fer ; mais la facilité de quelques capitaines de navire avait récemment fait monter le prix à deux barres, et rien n'est si difficile, ajoute-t-il, que d'obtenir une diminution quand le tarif est changé à leur avantage (3).

Dans le bassin de la Gambie, les Peulhs conduisent leurs troupeaux dans les parties basses ou élevées

---

(1) Mungo Park, I, 94 95.
(2) Walckenaer, d'après Moore, IV, 145.
(3) *Ibid.*

suivant les pluies. Quand ils trouvent de bons
pâturages, ils s'y établissent avec la permission du
roi et « leur constance répond à la durée de
l'herbe » (1). Dans toute la région qu'il traverse,
Caillié trouve à chaque pas des villages de peulhs
pasteurs. C'est le lait qui forme partout la base de
l'alimentation qui lui est offerte par ses hôtes peulhs.
Il nous apprend que dans le Fouta-Djalon, chacune
des femmes d'un Peulh reçoit de son mari une vache
comme présent de noce (2). Déjà à cette époque les
Peulhs faisaient de fréquents voyages à Sierra-
Leone, où ils allaient vendre des bœufs pour l'approvisionnement de cette colonie (3). Les Peulhs qui
vivent à l'état nomade et en dehors de toute relation
sociale ne connaissent pas d'autre industrie ; on peut
citer entre autres ceux que Caillié rencontra dans les
montagnes qui forment le bassin du Doulinca, à
l'ouest du Fouta-Djalon (4). Il en est de même dans
le Wassallah : « chaque hameau se compose de
douze à quatorze cases et quelquefois moins. Elles
sont entourées d'une palissade en bois, mal faite et
sans goût. Le milieu de ce petit groupe d'habitations

---

(1) Walckenaer, d'après Jobson, IV, 141.

(2) Caillié, I, 331.

(3) *Id.*, I, 331. — Voir dans le *Bulletin de la Société de
Géographie* (octobre 1840): *Mémoire sur le récit d'une expédition
dirigée contre les Pouls nomades du pays Yoloff, dans le but
d'établir avec eux des relations pour l'approvisionnement du
marché de Saint-Louis.*

(4) Caillié, I, 267.

forme une cour où donnent les portes des cases ; on y fait coucher les bestiaux » (1). Les Peulhs du Massina vont souvent à Djenné pour y vendre des bœufs et des moutons destinés à la consommation journalière. Caillié admirait leurs moutons, « les plus beaux », disait-il, « que j'aie vus dans l'intérieur ; ils sont gros et ils ont de la laine comme ceux d'Europe » (2).

Mollien constate que dans le Cayor le gros bétail et les moutons sont nombreux. Déjà au début du siècle, les Peulhs les vendaient aux Européens et en retiraient un gain considérable (3). Le bétail forme la principale richesse des Peulhs : il est de leur part l'objet de soins si particuliers que malgré le prix excessif du sel, ils en donnent aux bœufs pour les engraisser (4). Quand une grande cérémonie a lieu, un mariage ou des funérailles par exemple, ils tuent jusqu'à dix bœufs qu'ils distribuent à leurs parents et à leurs voisins (5). Lorsque, au changement de saison les troupeaux émigrent, les routes sont couvertes de longues files de bétail ; « ce ne fut pas chose facile que de rentrer dans Bala (Fouta-Toro), dit Mollien ; tous les chemins étaient obstrués par les nombreux troupeaux que les Poules ramenaient dans ce village » (6).

(1) Caillié, I, 445.
(2) *Id.*, II, 217.
(3) Mollien, I, 84.
(4) *Id*, I, 284.
(5) *Id*, I, 84.
(6) *Id*, I, 173.

Sur le Niger, au-dessus de Timbouktou, Caillié n'a vu de gros bétail qu'entre les mains des Peulhs. Sur la route de Sokoto à Kano, Clapperton trouva plusieurs villages peulhs et de nombreux troupeaux de bœufs, de brebis et de chèvres. « Les bœufs sont fort beaux, blancs ou d'un gris clair (1), leurs cornes ne sont pas d'une grandeur disproportionnée. Ils ont une bosse sur les épaules. Le berger à la tête du troupeau le conduit au pâturage en l'appelant par un cri fort et bas..... » (2). « Je vis dans le Haoussa plusieurs grands troupeaux de gros bétail, appartenant aux Peulhs ; les bergers l'appelaient en criant *ah hé hay* d'un ton doux, mais aigu ; aussitôt tous les animaux suivent le pâtre en mugissant » (3). Ce sont les Peulhs qui ont introduit le bœuf dans l'Adamaoua

(1) C'est la couleur blanche qui prédomine dans le bétail du Haoussa. La race des bœufs de l'Adamaoua est différente et cette couleur y est très rare. Barth (II, 606.) — Le général Faidherbe fait observer que les animaux domestiques ont des noms analogues en peulh, en wolof et en sérère. Le mot qui signifie « bœuf » est le même, ou à peu près, en peulh, en wolof, en sérère, en malinké et en soninké. « Ce n'est pas par les Maures du Sahara que ces Soudaniens acquirent le bœuf. D'abord l'espèce n'est pas la même, pas plus que le nom. (*Grammaire* ...., p. 77.)

(2) « L'espèce qu'ils possèdent, et que maintenant on trouve d'ailleurs aussi à Madagascar, dans la région supérieure du Nil, sur toute la lisière méridionale du Sahara, dans la Sénégambie et dans tout le bassin du Niger est l'espèce indienne, le Zébu, remarquable par la loupe de graisse qu'elle porte sur les épaules et par la couleur généralement blanche ou grisâtre de son poil qu'elle a gardée dans tous les pays où elle s'est propagée ». D'Eichthal' *op. cit.*, p. 134.

(3) Clapperton, II, 11 ; III, 56.

il y a vingt ou trente ans ; les troupeaux y font avec les esclaves leur principale richesse ; là, comme ailleurs, ils s'occupent peu de l'élève du menu bétail (1). Dans le Logone, ce sont les Schouas qui seuls possèdent des troupeaux de bœufs et de moutons ; « là, où il n'y a ni Schouas ni Foulbe, il n'y a pas de gros bétail » (2). Schouas et Peulhs vivent très bien ensemble ; l'identité de leur genre de vie rend leurs relations aisées et amicales. Dans le Bagirmi, les huttes des Schouas et des Peulhs diffèrent beaucoup des huttes des indigènes. Elles sont beaucoup plus vastes, pour faire place aux troupeaux ; mais elles sont faites avec moins de soin, comme il est naturel de la part de peuples nomades, changeant de résidence suivant la saison, à la recherche des pâturages (3). C'est un pittoresque spectacle que celui d'une tribu ou d'une famille peulhe en marche ; hommes, femmes et enfants tiennent la tête de la caravane, à cheval ; le bétail suit en file, sur une ligne interminable. Il y a trois siècles au moins que le gros bétail a été introduit par les Peulhs dans le Bagirmi ; le nom de la ville de Massénja en porte témoignage. Ce sont les Peulhs qui approvisionnent de bœufs le marché de Kiama, dans le Borgou (4). Dans le Bondou, aussi bien que

(1). Barth, II, 611.

(2) *Id* , III, 273.

(3) *Id*., III, 326.

(4) Clapperton, I, 143.

dans le Borgou, les chefs confient exclusivement aux Peulhs le soin de leur bétail. Clapperton l'avait déjà observé à Kiama ; Raffenel l'a constaté dans le Bondou, dans les environs du Ferlou (1). Plus d'une fois le mugissement des troupeaux a révélé au voyageur le voisinage d'un village peulh (2). Aussi se figure-t-on aisément la passion du Peulh pour l'animal dont la propagation dans la région soudanienne est en partie son œuvre (3). Barth a recueilli chez les Peulhs le dicton suivant : « La vache est supérieure par les services qu'elle rend à toutes les œuvres de la création » (4). Elle est la nourricière du peuple entier. Les Peulhs regardent le lait, dit Mungo Park, comme un aliment de première nécessité (5). Le même auteur déclarait le lait de leurs vaches excellent ; mais elles n'en donnent pas, à beaucoup près, autant que celles d'Europe. L'importance de tous les actes relatifs au bétail est telle que la superstition n'a pas manqué de s'y attacher. Clapperton raconte qu'il arriva un jour exténué près d'un campement de Peulhs ; on lui offrit du lait, mais il

(1) Raffenel, p. 278.

(2) Raffenel, 467 ; dans le Woli notamment.

(3) Barth fait la remarque (III. 210) que les Mussgu, les Marghi et plusieurs tribus du Kotoko donnent aux troupeaux de bœufs un nom Haoussa. Les Batta lui donnent un nom emprunté au *fulfulde*. La forme du pluriel du mot qui signifie « vache » en *fulfulde* a été prise aussi par les Fari et les Koana.

(4) Barth, IV, 267.

(5) Mungo Park, I, 95.

fut obligé de le traire lui-même ; car les Peulhs
regardent de mauvais augure de boire ou de vendre
du lait avant d'en avoir fait de la crême ou du
beurre (1). S'ils viennent a apprendre qu'on a fait
bouillir le lait de leurs vaches, rien ne saurait les
déterminer à en vendre de nouveau à l'auteur de ce
sacrilège ; parce qu'ils attribuent à l'action du feu
une vertu éloignée qui peut faire mourir leurs
bestiaux (2). Ils ne traient leurs vaches que vers
midi et à la tombée de la nuit. Malgré toute son
insistance, Raffenel ne put se procurer une goutte de
lait dans l'intervalle (3). Ils font aigrir le lait si rapidement que très peu de temps après la traite il a subi
une décomposition complète. Pour faire le beurre, ils
battent avec force la crême dans une calebasse; ils
exposent le beurre ainsi obtenu à l'action du feu, ils
le nettoient avec soin, puis ils l'enferment dans des
pots de terre. Ils emploient le beurre pour la préparation de la plupart de leurs mets : ils en oignent leur
tête, leur visage et leurs bras (4); même dans les parties du Soudan où le beurre végétal abonde, ils le né-
gligent pour le beurre animal (5). Ils ont deux sortes de

(1) Clapperton, III, 56.
(2) Walckenaer, d'après Moore, IV, 146.
(3) Raffenel, p. 408.
(4) Mungo Park, I, 94.
(5) Caillié, I, 448. — Naturellement sobre, le Peulh se nourrit de
riz bouilli ou de *foigné*, espèce de petite graine qu'il fait griller et
bouillir ensuite dans l'eau et qu'il assaisonne de lait aigre ou d'une
sauce d'arachydes. Ils mangent quelquefois du couscous fait avec
du maïs. (Hecquard, p. 328.) — Ils font aussi un grand usage du

beurre, l'un mou et fort blanc, l'autre dur et d'une belle couleur comparable à celui que les Anglais appellent beurre raffiné et qui est aussi bon que le beurre d'Angleterre (1). Ce sont les femmes qui sont chargées de la préparation et de la vente de ce produit (2). Le premier beurre, à demi liquide, est renfermé dans des outres en peau. Le beurre de qualité supérieure, pétri en forme de boules, est conservé dans des vases remplis d'eau (3). Mungo Park fait remarquer qu'il est assez étrange que ni les Peulhs ni les autres nations qui habitent cette partie de l'Afrique n'aient connu l'art de faire du fromage. Ils en donnent pour raison la grande chaleur du climat et la rareté extrême du sel (4).

Les troupeaux de bœufs fournissent aussi aux Peulhs de la viande de boucherie ; ils en consomment une partie ; mais c'est surtout pour la vente qu'ils abattent leurs bêtes. Ils sont les pourvoyeurs de tout le Soudan et de toute la région sénégambienne. La peau des bêtes abattues est une partie importante du mobilier ; le Peulh offre à son hôte une peau de

---

senkie et du *ferro-ferrocou*. Ce sont des préparations de fleurs de dourrah à moitié bouillies : on les mêle à de la farine sèche ; on en fait des pelotes d'environ une livre. Le senkie est une de ces pelotes écrasée et délayée dans du lait ; le ferro-ferrocou est seulement délayé dans de l'eau. Les Peulhs mâchent la noix de gouro. (Clapperton, II, 81)

(1) Barth vante aussi le beurre des Peulhs, II, 525.
(2) Walckenaer, d'après Jobson, IV, 142.
(3) Barth, IV, 128.
(4) Mungo Park, I, 96.

bœuf pour s'asseoir. Dans le Fouta-Djalon, le lit du Peulh se compose de quatre piquets mis en terre, sur lesquels sont placés en long des morceaux de bois recouverts d'une peau de bœuf (1).

Peuple pasteur, les Peulhs le sont au plus haut degré. Ils en ont tous les caractères. C'est vers les races pastorales que les portent leurs affinités naturelles ; par là Schouas et Arabes sont frères. Ils ont commencé par la vie nomade, et c'est encore à ce régime que sont restées fidèles leurs tribus, toutes les fois qu'elles n'ont pas été emportées dans le mouvement de rénovation religieuse et de constitution politique qui a marqué pour la race le début de ce siècle M. d'Eichthal a résumé en termes excellents ces dispositions originelles et leurs effets (2) : « Pour les Fellans, l'élève du gros bétail n'a pas été une occupation accessoire. Elle est devenue en quelque sorte le principe même de leur vie nationale ; jusqu'à il y a peu de jours, ils étaient demeurés peuple essentiellement pasteur et nomade ; c'est grâce à leurs troupeaux qu'ils ont pu vivre au sein de l'Afrique errants et isolés au milieu des forêts, se gardant du mélange des populations noires, dont ils n'auraient pas pu se défendre s'ils eussent été obligés de vivre par l'agriculture et de se fixer ; la vie nomade les a tenus socialement séparés des noirs, comme elle les en distingue au point de vue ethnologique ».

(1) Caillié, I, 264
(2) *Op. cit.*, p. 135.

II.

Après l'élevage des troupeaux, l'agriculture est la principale occupation des Peulhs ; les Peulhs sont « pasteurs et agriculteurs ; l'habileté et le soin avec lesquels ils s'acquittent de ces deux emplois sont par tout remarquables » (1). Winterbottom remarquait déjà que les Peulhs apportent à la culture de la terre beaucoup plus de soin et d'intelligence que les Nègres (2). Dans le Fouta-Toro, l'agriculture est en tel honneur que le roi et les grands dirigent eux-mêmes leurs exploitations agricoles (3). Dans le Bondou, Raffenel raconte qu'il trouva, près du village de Dianvély-Amadoué, le frère de l'almamy occupé à examiner ses champs et à surveiller les guetteurs chargés d'écarter les oiseaux par leurs cris (4). Au Fouta-Djalon, l'almamy surveille lui-même les travaux des champs (5), et dans ce même pays où les métiers sont abandonnés aux esclaves, le

(1) Mungo Park, I, 94.

(2) Winterbottom, *Nachrichten von der Sierra Leone Küste*, p. 77, 157 ; cité par Waitz.

(3) Bouet-Willaumez, *Commerce et traite des noirs aux côtes d'Afrique*, 1848 ; p. 34

(4) Raffenel, p. 157.

(5) Hecquard, p. 333.

Peulh libre se réserve le travail des champs et la guerre comme son occupation exclusive et son bien propre (1). Caillié parle avec admiration des soins que les Peulhs donnent à la terre ; il est étonné de voir dans l'intérieur de l'Afrique (dans la région au S.-E. de Wassallah) l'agriculture à un tel degré d'avancement ; leurs champs, dit-il, sont aussi bien soignés que les nôtres, « soit en sillon, soit à plat, suivant que la position du sol le permet par rapport à l'inondation » (2). Ce passage mérite d'être reproduit en entier : « Je prenais un bien grand plaisir à regarder leurs belles cultures ; ils font de petits tas de terre pour mettre les pistaches et les ignames ; ils les arrangent avec goût, tous à la même hauteur, et bien alignés. Le riz et le petit mil sont ensemencés dans des terres labourées en sillons ; lors des premières pluies, ils sèment autour de leurs petites habitations, et lorsque le maïs est en fleurs, ils mettent du coton parmi les tiges. Le maïs se trouve mûr de bonne heure ; alors ils l'arrachent pour donner jour à l'autre plante. J'étais émerveillé de voir ces bonnes gens se livrer au travail avec tant d'adresse et de soin, dans la campagne, de tous les côtés, je voyais des laboureurs et des femmes occupées à sarcler les champs. Ils font deux récoltes par année sur le même terrain. Je remarquai du riz en épis, et d'autre côté ne faisant que sortir de terre Enfin, je le répète, les champs

(1) Hecquard, p. 241.
(2) Caillié, I, 432.

des Peulhs sont aussi bien soignés que les nôtres » (1).
Mollien confirme le jugement favorable porté par
René Caillié et rend aux Peulhs le témoignage que
leurs champs sont cultivés avec le plus grand soin.
Dans toute la région entre la Gambie et le Rio
Grande, c'est toujours aux Peulhs qu'on s'adresse
pour avoir des grains (2).

Ils ont à lutter contre des ennemis que leur nombre rend redoutables ; ce sont les nuées d'oiseaux
qui s'abattent sur les récoltes. Pour les chasser, ils
placent dans les champs des corbeilles pleines de
pierres, reliées entre elles par une ficelle ; ils agitent
ainsi tout cet appareil, dont le bruit fait fuir les
oiseaux (3). Sur les bords du Niger, les frères Lander
ont vu suspendues à un arbre des calebasses trouées,
pleines de cailloux et enfilées dans des bâtons. Une
femme ou un enfant les mettent en branle avec une
corde. Ailleurs c'est une plate-forme élevée de dix
ou douze pieds au milieu des blés : un enfant ou une
femme servent d'épouvantail. Les gardiens des
champs poussent en même temps des cris sauvages
pour faire fuir le mauvais esprit (4). En certains

(1) Caillié, I, p. 433, 434.
(2) Mollien, II, 223.
(3) Raffenel. 444.
(4) Lander, II, 95. — Clapperton, II, 93. — Desfontaines raconte
que dans toute la Barbarie, les oiseaux sont si nombreux que les
Arabes sont obligés de faire continuellement du bruit dans les
champs ensemencés pour les écarter, lorsque le blé commence à
mûrir. (*Voyage dans les régions de Tunis et d'Alger*, p. 156.)

endroits, les Peulhs ont même la patience d'entourer chaque épi de mil d'un bouchon de paille pour le préserver (1).

Dans le Fouta-Djalon, le Peulh devient propriétaire du sol qu'il a défriché et le transmet à ses enfants. Toutefois, lorsqu'un terrain n'est pas ensemencé pendant plusieurs années, l'almamy ou le chef du village peuvent en disposer. Ils savent aussi dessécher les marais pour gagner de la terre à défricher (2). Lorsqu'un Peulh veut défricher un champ, il commence par délimiter la portion qu'il entend cultiver, en arrachant les lianes et les arbustes qu'il brûle et dont il répand les cendres sur le sol. Puis les captifs piochent légèrement la terre, les pluies font leur œuvre, et un labour superficiel active la préparation du terrain. Plus tard, on y sème du blé, du riz ou du maïs (3). Dans le Haoussa, les esclaves des deux sexes travaillent la terre : les hommes se servent d'une houe à long manche ; les femmes portent un panier plat ou une calebasse remplie des grains à semer. L'homme trace avec sa houe un petit sillon, dans lequel la femme répand la semence, qu'elle recouvre ensuite avec le pied. Quand le grain est mûr, les esclaves arrachent les tiges avec la racine ; quelques jours après, ils les lient en gerbes et les font sécher sur des appentis de branches d'arbres (4).

(1) Mollien, I, 288.
(2) Hecquard, 211
(3) *Id.*, p. 333.
(4) Clapperton, II, 93.

Les principaux produits de l'exploitation agricole
des Peulhs sont le mil, le riz, le coton, le tabac et
l'indigo (1). L'immense quantité de cire que leur
achetaient les Portugais donnait à penser à Mollien
que les abeilles doivent être très communes dans
la région sénégambienne et qu'elles étaient de la
part des Peulhs l'objet d'un élevage attentif (2). Ils
fabriquent une espèce d'eau-de-vie avec du miel fer-
menté. Ils cultivent deux espèces de riz : l'un, gros
et très blanc, croît sur les hauteurs ; l'autre, plus
petit, vient dans les bas-fonds. Ils ont encore au
Fouta-Djalon deux espèces de mil, les pistaches de
terre, de petits haricots, des patates douces, des
oignons et un tabac à petites feuilles et à fleurs
jaunes, qu'ils réduisent en poudre, pour priser (3).
Dans le Haoussa, ce sont les femmes qui débarras-
sent le coton des graines, au moyen de deux petites
broches en fer. On donne les graines aux bœufs et aux
chameaux. Le coton ainsi nettoyé est enroulé autour
d'une quenouille courte et légère. L'occupation de
filer est généralement réservée aux femmes mariées
ou à quelque vieille femme que l'on veut honorer (4).

---

(1) Le mil qu'ils récoltent est réservé à la nourriture des chevaux,
au moins dans le Fouta-Djalon. (Hecquard, 328.)

(2) Mollien, II, 223.

(3) Hecquard, 333.

(4) Clapperton, II, 100.

III.

Ce travail du tissage est la principale industrie domestique des Peulhs : « Dans chaque famille on file et on tisse les toiles ; on fait aussi les habits, les hommes tissent et cousent ; les femmes filent et cardent le coton » (1). Le Peulh est industrieux ; ses étoffes sont tissées avec soin ; il les orne de dessins d'un goût délicat. On trouve dans chaque village des tisserands ; leur art est assez avancé ; ils fabriquent une mousseline grossière, mais d'un usage excellent (2). On reconnaît une adresse remarquable dans les métiers de cordonniers et de potiers aux ouvriers peulhs ; Hecquard fait observer toutefois, que dans le Fouta-Djalon tout au moins, ces métiers sont exercés par des captifs venus du dehors ; car un Peulh se croirait déshonoré s'il faisait autre chose que cultiver la terre ou aller à la guerre. Ces ouvriers travaillent avec art les peaux de chèvre, de mouton, de gazelle ; teintes en jaune, rouge et noir, elles servent à la confection de sachets pour gris-gris, de brides, de carquois, de selles, de portefeuilles (3).

(1) Walckenaer, d'après Mathews, VII, 193.
(2) Hecquard, 287.
(3) *Id.*, 335 et *seq.*

Mollien déclare que les Peulhs sont d'excellents potiers ; la terre dont ils se servent est d'un noir très foncé ; elle se pétrit fort aisément ; on supposerait en voyant leurs vases qu'ils les enduisent de vernis. La manière dont ils fabriquent leurs poteries est pourtant d'une extrême simplicité. Après avoir façonné leurs vases, ils les placent les uns sur les autres au milieu d'un champ et recouvrent le tout avec de la paille qu'ils allument ; cela suffit pour leur donner le degré de cuisson convenable (1). Leurs écuelles en bois sont d'une élégance telle qu'on les croirait façonnées au tour, tandis qu'elles sont taillées à la hache. Ils n'ont point de rivaux pour la fabrication des arcs (2).

Nous avons déjà signalé le fait que dans le Dar-Four, les Peulhs sont les seuls qui sachent exploiter les mines de métaux. Ils ont, dans cette région, comme le monopole de ces travaux par droit d'habileté. Watt et Winterbottom racontent (3) que dans le Fouta-Djalon les Peulhs creusent la terre, en tirent des minerais et en extraient un fer extrêmement malléable. Ces mines sont très profondes ; ils pratiquent plusieurs galeries ou passages horizontaux, qui sont très longs et qui s'élargissent par intervalles en chambres souterraines, vastes et élevées, percées d'ouvertures pour l'admission de l'air et de la lumière. On ne saurait cependant ajouter une foi

---

(1) Hecquard, 289.
(2) Mollien, II, 183.
(3) Walckenaer, VII, 258.

absolue à cette affirmation de Watt et Winterbottom.
Hecquard, qui a exploré le Fouta-Djalon, déclare
n'avoir rien vu de semblable. « Il me paraît même,
dit-il, d'autant plus difficile d'admettre que ces
galeries aient jamais existé que je me rappelle l'étonnement de l'almamy, lorsque je lui montrai la
manière dont les Européens exploitent les mines » (1).
Il est certain cependant, ajoute le même auteur, que
les Peulhs font du fer ; seulement, au lieu de creuser
profondément la terre pour en extraire le minerai,
ils se bornent à chercher à la surface les pierres qui
en contiennent en grande quantité ; ils les concassent
avant de s'en servir.

Les fourneaux ont la forme d'une grosse cloche
renversée et percée sur le devant d'une ouverture par
laquelle on les charge. Sur le côté opposé à cette
ouverture, on en ménage une seconde plus petite,
par laquelle la matière en fusion se déverse dans
une tranchée creusée dans le sol.

Les forgerons peulhs sont presque tous des captifs
venus du Bouré. Ils sont à la fois orfèvres, armuriers,
couteliers, taillandiers. Ils travaillent très bien le fer ;
beaucoup d'entre eux savent faire une batterie de
fusil, et même les serrures les plus compliquées, à la
condition d'avoir le modèle sous les yeux. Leurs
ouvrages d'or et d'argent, manilles, bagues, colliers,
ne manquent pas d'élégance. Ils forgent assis, leur
enclume entre les jambes ; ils sont trois à une même

---

(1) Hecquard, 335.

forge ; deux d'entre eux battent l'enclume ; le troisième souffle, en pressant du coude et du genou deux peaux de bouc. Ils travaillent l'or dans des creusets en argile cuits au soleil (1). Une de leurs exploitations de mines d'or les plus importantes est celle de Kéniéba. Elle est faite par les Peulhs des villages voisins et par ceux de Kéniéba, moyennant un droit payé au chef de Samba-Yaya, qui traite seul avec l'almamy du Bondou. Les femmes du village de Kéniéba ont le monopole de la manipulation, et partagent l'or qui provient des produits de la mine avec celui qui les leur a donnés à travailler. L'exploitation n'est pas sans quelque danger ; aussi n'est-elle entreprise qu'avec un certain déploiement de forces : les femmes travaillent, aidées seulement de quelques hommes ; les autres veillent armés (2).

C'est surtout dans la région sénégambienne et dans la partie occidentale du Soudan que l'industrie des Peulhs s'est développée. Les tribus nomades sont restées naturellement en dehors de ces progrès : dans l'Adamaoua, ils paraissent ignorer les plus simples des arts industriels, et Barth déclare que les métiers n'y sont encore qu'en germe (3).

(1) Hecquard, 335.
(2) Raffenel, 382.
(3) Barth, II, 611.

IV.

S'il faut en croire Moore (1), les Peulhs n'emploient pas pour leur habillement d'autres étoffes que celles qui proviennent de leur propre industrie. Ce sont généralement des étoffes de coton blanc ; le même auteur vante le soin et la propreté avec lesquels les femmes peulhes les entretiennent. Il y a de légères différences dans le costume, suivant les régions. Dans le Bondou, le costume des Peulhs ne diffère pas de celui des Yoloffs. C'est toujours le coussabe et la large culotte courte, à grands plis. Le coussabe est fait ordinairement de pagnes en coton, teintes à l'indigo. Les Peulhs qui font profession d'élégance portent le coussabe en calicot blanc. La culotte est en guinée bleue. La coiffure la plus répandue est le bonnet de calicot blanc, « espèce de casquette soufflet dont les bords sont brodés en soie d'une couleur éclatante » (2). Ce bonnet est souvent orné de rosaces et autres ornements en cuivre poli, et surmonté d'un plumet de crins ou de plumes de coq qui retombent sur la tête. Cette coiffure est surtout répandue dans le Fouta, le Djolof et le Oualo. On

(1) Walckenaer, IV, 146.
(2) Raffenel, 106.

trouve aussi de grands bonnets de toile dont les côtés très allongés sont destinés à couvrir les joues et dont le sommet se termine en pointe (1). Dans le Woli, le coussabe est souvent d'une couleur brun terreux. On obtient cette teinte au moyen du fruit du *kélélé*, qui sert également à teindre les ongles et la paume de la main des femmes mauresques. Dans le Bondou, le vêtement de dessus des hommes est brodé en soie de différentes couleurs sur le dos, autour du cou et sur la poitrine ; leurs bonnets blancs sont aussi couverts d'ornements de même couleur. Les marabouts et les vieillards portent un turban blanc, et quelquefois une sorte de chapeau de joncs ou d'herbes tressées avec une forme conique et des bords très larges (2).

Le costume des femmes peulhes du Woli présente quelques particularités. Comme dans le Djolof et le Oualo, elles portent la pagne écourtée, vont la poitrine découverte et les cheveux artistement arrangés. Mais elles se distinguent de leurs congénères des autres districts par la profusion des ornements de verroterie, d'ambre et de corail dont elles chargent toutes les parties de leur corps. Elles couvrent leurs bras de bracelets jusqu'au-dessus de la saignée. Ces bracelets se composent de petits grains de verre incolore et transparent, ajustés sur un canevas de coton. Les chevilles et les jarrets sont

---

(1) Walckenaer, d'après Geoffroy, VI, 71.
(2) *Id.*, d'après Gay et Dochard, VII, 164.

couverts aussi de verroteries ; les bras et les jambes sont entièrement découverts, pour faire valoir ce luxe d'ornements ; la pagne ne couvre le corps que de la ceinture au genou (1). Raffenel a vu sur les bords de la Gambie des femmes faisant partie d'une bande de Peulhs fugitifs ornées d'une coiffure spéciale ; elle consistait dans un disque d'étoffe de coton blanc du diamètre de 0m 35. Elles le portent incliné sur la tête à la manière des bérets basques et attaché sur le cou par des tresses de coton (2).

Il arrive parfois que le vêtement et la coiffure prennent un caractère particulier suivant l'inspiration religieuse qui préside à l'ajustement. C'est ainsi que, dans la ferveur de leur rénovation religieuse, à l'époque héroïque de Danfodio, les Peulhs devaient porter un tobé blanc, comme symbole de leur pureté (3). Dans les processions qui marquent la fin du jeûne, toute la population est vêtue de blanc. Dans le Woli, à Kouar, les adultes qui se destinent à l'étude du Koran ont adopté un arrangement particulier de leur coiffure, que Raffenel propose d'appeler *l'apiquement* des cheveux. Les cheveux sont taillés à égale longueur tout autour de la tête, et dressés de manière à former une sorte de bourrelet ou d'auréole dont les rayons auraient de sept à huit pouces de longueur (4). Ailleurs ils portent les cheveux

(1) Raffenel, 168.
(2) *Id.*, 493.
(3) D'Eichthal, *op. cit.*, p. 13.
(4) Raffenel, 168.

tressés en une multitude de petites nattes qui retombent sur les épaules (1). La chevelure est de la part de tous les Peulhs l'objet d'un soin particulier : dans certaines régions ils la divisent sur le sommet de la tête et font de chaque côté une espèce de queue qui passe sur la joue et s'attache sous le menton (2). Dans le bassin de la Gambie, les Peulhs pasteurs font d'une partie de leurs cheveux de petites tresses, avec lesquelles ils se composent une coiffure qui ressemble au cimier d'un casque romain. Ils placent au sommet une plume blanche qui retombe un peu sur l'oreille. Le reste de leurs cheveux est roulé en petites boucles; au bout de chacune d'elles ils attachent soit une perle de verre, soit un grain d'ambre, suivant leur fortune. La boucle du milieu est plus longue que les autres et retombe sur les yeux. Dans l'Yorouba, les femmes tressent leurs cheveux avec un art extraordinaire; elles réussissent à leur donner la forme d'un casque antique. Dans le Bondou, les cheveux divisés en un grand nombre de petites tresses flottantes sur les épaules, se réunissent chez les jeunes filles sur le front, où ils se mêlent aux ornements d'ambre et de corail. Les femmes portent aux oreilles des anneaux d'or si larges qu'ils tombent sur leurs épaules, et si lourds que leurs oreilles en seraient déchirées s'ils n'étaient soutenus par une petite bande de cuir rouge attachée à chaque

---

(1) Walckenaer, d'après Geoffroy, VI, 71.
(2) Lander, I, *passim*.

anneau par un bouton et fixée autour de la tête. Les hommes ne savent pas toujours s'affranchir de cette servitude de la parure : dans le bassin de la Gambie, ils portent comme les femmes des boucles d'oreilles formées d'un grain d'ambre, au bout duquel est un flocon de laine blanche, des colliers de perles d'ambre, de verroteries ou de coquillages. Le haut du bras est couvert de torsades de laine rouge ou jaune, et le poignet, chargé de bracelets de cuivre. Comme les femmes, ils se ceignent les reins avec des rangs de perles rouges ou blanches ; enfin ils portent aux pieds des anneaux, et au-dessus du genou des tresses de laine de couleur où pendent des verroteries. Le vêtement des hommes et celui des femmes diffèrent si peu dans cette même région, qu'Hecquard distinguait ces dernières seulement à la plus grande quantité d'ambre qu'elles portaient dans leurs cheveux et à leur cou, et à la pagne dont elles s'enveloppaient (1).

V.

Si l'on veut étudier le caractère des habitations des Peulhs et le type de leurs agglomérations urbaines, on remarque aussitôt dans cet ordre particulier une

(1) Hecquard, 192.

variété aussi grande que dans le costume. On passe
de l'extrême barbarie à un degré assez avancé de
culture. Mollien parlant des Peulhs qui émigrent
avec leurs troupeaux à travers le désert des Yoloffs,
décrit ainsi leurs abris provisoires : « Des branchages
sur. lesquels ils jettent un peu de paille forment ce
nid d'oiseau ; trois pieds de large sur trois pieds de
haut ; c'est là que se blottit le Poule » (1). Mungo
Park dit, à propos des Peulhs établis entre le Kaarta
et le Niger : « Leurs tentes sont si basses qu'on peut
à. peine s'y tenir assis ; les gens de la famille et leur
ameublement s'y trouvent pressés comme des marchandises qu'on met dans une caisse. Quand je me
fus glissé sur mes mains et sur mes genoux dans
l'humble habitation du pasteur, je vis qu'elle contenait
une femme et trois enfants, qui, avec mon hôte et
moi, occupaient toute l'étendue de la tente » (2).
Dans le Borgou, les cabanes temporaires que les
Peulhs dressent dans leur vie nomade sont faites de
roseaux ou de grandes herbes (3). Dans le Fouta,
les nomades campent sous les hùttes de paille dont la
forme hémisphérique ressemble quelque peu à celle
d'une tente arabe. Ces huttes sont élevées par les
Peulhs avec une grande promptitude, et lorsqu'ils
quittent le lieu où ils les ont disposées, ils les y
laissent, dans la prévision qu'ils pourront les réoc-

---

(1) Mollien, 168.
(2) Mungo Park, I, 291.
(3) Clapperton, I, 185.

cuper un jour. On trouve dans le Fouta méridional une grande quantité de ces camps abandonnés (1).

Si on s'élève d'un degré au-dessus de ces habitations primitives, on trouve ces maisons faites d'un mélange de terre et de fiente de bestiaux que signale Mollien (2). Le lit se compose de longues perches. Ces cases n'ont qu'une porte qui donne accès à l'air et à la lumière. C'est par la porte que s'échappe la fumée. Quoique cette architecture soit tout à fait dans l'enfance, il y a déjà dans le Kabou quelque sentiment de la symétrie dans l'arrangement des cases ; elles sont alignées sur deux rangs et forment une rue large et longue (3). Moore constate même un état plus avancé ; il y a, dit-il, de la régularité dans l'ordre de leurs cabanes. Les Peulhs ont toujours soin de laisser entre elles assez de distance pour les garantir de la communication du feu. Les rues sont bien ouvertes et les passages libres, ce qui ne se trouve guère dans les villes des Mandingues (4). Hecquard donne d'un village de Peulhs pasteurs dans le Toumané (5), l'idée la plus favorable. Il se compose d'une rue très large sur laquelle s'ouvrent toutes les cases, qui ont un alignement parfait. Derrière cette grande rue, il y en a de plus petites ; les cases en

---

(1) Raffenel, 268.
(2) Mollien, I, 288.
(3) *Id.*, II, 223.
(4) Walckenaer, IV, 146.
(5) Sur la Gambie, rive gauche, entre le 15e et le 16e degré.

paille tressée sont disposées de manière à ce que le feu ne puisse pas se communiquer de l'une à l'autre. Au milieu de la grande rue sont des meules d'épis de petit mil. Le gros mil est déposé avec le riz dans des greniers en paille, élevés sur des piquets ; on les pré-serve ainsi de l'humidité et des insectes. Ces greniers sont derrière les cases, à côté des hangars destinés aux vaches laitières qui ne vont paître que dans les environs du village (1). C'est dans le Fouta-Djalon que l'élégance des habitations, la disposition des cases, la recherche d'un plan semblent avoir atteint le degré le plus élevé. Dans toutes les villes et villages du Djalon, les maisons sont entourées de jardins, bordés par des haies qui forment des rues larges et généralement bien alignées. « Les villages si coquets des Pouls (au Fouta-Djalon), bien que n'ayant pas de remparts, sont plus difficiles à prendre que ceux du Fouta-Toro ou du haut Sénégal. Chaque case est entourée d'une solide palissade qui se réunit à celle des maisons voisines. Une rangée de vigoureux arbustes complète cette défense. Il faudrait faire le siège de chaque maison, et le canon serait d'une faible utilité. Ces villages ont un aspect ravissant » (2).

Timbo, séjour de l'almamy, est une ville élégante ; les maisons y sont spacieuses et bien bâties. Les habitations des grands sont précédées d'un portique, formant tantôt un carré long, tantôt un ovale, percé

(1) Hecquard, 185.
(2) Bayol, *loc. cit.*

de deux grandes portes dont le centre est soutenu
par des colonnes de bois bien travaillées et formant
galerie. Le portique de la résidence de l'almamy est
remarquable (1). On peut citer aussi comme le
type achevé de l'aménagement d'une habitation
peulhe la description qui nous a été laissée par
Hecquard (2) de la case de la mère de l'almamy au
Fouta-Djalon. L'entrée de la case est ornée de deux
orangers qui la couvrent de leurs branches toujours
vertes et qui maintiennent sur le seuil et à l'intérieur
une fraîcheur pleine de charmes. La case est de
forme ronde, sur un diamètre de six mètres environ ;
son élévation est de trois mètres. Le plafond est
formé de gros bambous, disposés de manière à figurer
un damier. Tout autour règne une banquette en
terre, grossièrement ornée de dessins en relief, et sur
laquelle sont placées des calebasses de toutes gran-
deurs et des ustensiles de ménage. Au fond de la
case se trouve un grand lit formant bateau et soutenu
par des piliers de bois rouge, sur lesquels reposent
des traverses de la même couleur. Sur le lit sont
étendus des nattes et des tissus d'une blancheur
éclatante. La case est peinte en bleu clair. Une large
galerie en bois entoure la case et supporte le toit de
chaume qui, descendant jusqu'à terre, contribue à
augmenter la fraîcheur de la chambre. On est loin,
on le voit, de la grossière hutte et de la tente des

(1) Hecquard, 283.
(2) *Id.*, 299.

Peulhs nomades. Un établissement fixe, une prépondérance politique solidement établie ont communiqué
dans le Fouta-Djalon un caractère de stabilité, d'élégance et d'art relatif aux demeures de ses habitants.
C'est par des raisons de même nature que les villes
du royaume de Sokoto se sont édifiées sur un plan
régulier, image de la puissance de la nation qui les
élevait. C'est ainsi que Magaria (au S.-E. de Sokoto)
devint rapidement, au temps du sultan Bello, une
ville considérable. Elle avait été jusqu'alors très
irrégulièrement bâtie ; on la réédifia sur un plan nouveau. Les maisons s'alignèrent régulièrement ; le
groupe de cabanes de chaque habitant fut entouré
d'une clôture de nattes (1). La prospérité et la puissance amenèrent à leur suite la décence et l'ordre
dans les habitations privées, le sentiment de la nécessité d'un plan général pour l'ensemble de la cité.
A Sokoto, un certain appareil signale au respect de
tous l'habitation du sultan. Elle est entourée d'un
mur de terre, haut d'une vingtaine de pieds, percé
de deux entrées en forme de tour. Cette habitation
est une sorte de petite ville, comprenant cinq cours
carrées, une petite mosquée, un grand nombre de
cabanes et un jardin. Enfin, une case, comprenant
une pièce unique, sert de salle d'audience au sultan.
Les murs en sont décorés d'une façon singulière, en
partie selon le goût africain, en partie à l'européenne (2). Dans les régions où s'est exercée la

(1) Clapperton, II, 60.
(2) *Id*, II, 75.

conquête, il est rare que les villes de quelque importance n'aient pas toutes un appareil de fortifications.
Dans les pays où l'établissement des Peulhs est plus
ancien, ces mesures de défense ne sont pas aussi
généralement adoptées. Timbo, la capitale du
Fouta-Djalon, est une ville ouverte.

CHAPITRE VI.

Organisation sociale et politique.

I.

La division essentielle de la société peulhe consiste dans la séparation de l'homme libre et de l'esclave. Comme dans toutes les sociétés primitives, comme dans le monde antique, et à l'exemple du monde africain tout entier, c'est sur cette subordination d'une classe à une autre que repose la vie publique et privée des Peulhs. « En Afrique, dit Raffenel (1), on retrouve l'ancienne Europe féodale ; la société y semble divisée en deux parties inégales : l'une, la plus faible en nombre, commande, gouverne et écrase du poids de son exploitation tyrannique l'autre partie, beaucoup plus nombreuse et seule en possession de la force matérielle, qui ne se dépense

(1) p. 149.

qu'au profit de cette poignée de maîtres avides et
inhumains. Cette disproportion de nombre entre la
classe esclave et la classe aristocratique se fait sentir
surtout dans ces contrées où les hommes libres forment tout au plus le vingtième de la population. »
Cette description ne convient pas seulement aux
États nègres proprement dits ; elle convient aussi
à la société peulhe. Peut-être cependant pourrait-elle
admettre en s'appliquant à celle-ci quelque tempé-
rament. L'esclavage ne paraît pas avoir conservé
chez les Peulhs ce caractère de rigueur odieuse, de
méconnaissance absolue des droits de l'humanité
dont il est marqué chez les Nègres.

La guerre est naturellement la source où s'alimente
ce courant de l'esclavage chez les Peulhs. Le vice-
roi de Timbo avouait à Winterbottom que les
motifs les plus ordinaires de guerre étaient le désir de
faire des esclaves. Il ajoutait, le plus simplement du
monde : « on ne peut obtenir des denrées d'Europe
qu'avec des esclaves, et on ne peut avoir des esclaves
qu'en faisant la guerre. » Le résumé de cette conversation entre le vice-roi de Timbo, quelques chefs
peulhs et Winterbottom permet de pénétrer au fond
de ces obscures consciences des souverains africains.
Avec de l'ivoire, du riz, des troupeaux et quelques
autres produits du Fouta-Djalon, il était facile
d'acquérir des richesses, sans exposer sa vie aux
hasards de la guerre. C'était offenser le Dieu qu'il
adorait cinq fois par jour dans ses prières que de
s'enrichir par un semblable butin. « Les peuples

auxquels nous faisons la guerre, répondait le vice-roi, ne prient jamais Dieu ; nous ne faisons jamais la guerre à ceux qui adorent ce Dieu tout-puissant. Un des chefs peulhs soutenait la nécessité de ces guerres et les déclarait prescrites par le Koran, où on lit que Dieu ordonne de s'attaquer sans merci aux nations qui ne l'adorent pas. D'ailleurs les factoreries européennes ne fourniraient des fusils, de la poudre et du drap qu'en échange d'esclaves » (1). Matthews disait des Peulhs, lors de son voyage à Sierra-Leone, en 1785-87 : « Mahométans intrépides, ils font dans leurs guerres entreprises au nom du Koran un grand nombre d'esclaves qu'ils vendent à la côte » (2).

Ces guerres entreprises pour la conquête de ce butin humain sont sans merci. Les vieillards, les êtres malvenus, les inutiles sont massacrés impitoyablement. Le partage se fait ensuite suivant les règles particulières à chaque région. Dans le Bondou, par exemple, l'almamy prend pour lui la moitié du butin, en prisonniers et en bestiaux (3). De tous les esclaves, les prisonniers de guerre sont les plus misérables : ils tiennent le dernier rang de cette série douloureuse. On les laisse à la chaîne jusqu'au moment de leur vente à des étrangers (4). Ce sont d'ailleurs les seuls que l'on mette en vente, sauf le cas où

(1) Walckenaer, d'après Watt et Winterbottom, VII, 260.
(2) *Id.*, VII, 193.
(3) Raffenel, 148.
(4) Hecquard, 331.

l'esclave récemment acquis et mis à l'essai ne tient pas ce qu'on en avait attendu (1).

Les esclaves ne sont pas tous le produit de la conquête. C'est ainsi que chez les Peulhs du Bondou, nation très pacifique, leur nombre est très considérable. Il se développe naturellement par le croît, et comme le commerce des esclaves est un des commerces les plus actifs, quiconque possède des valeurs a intérêt à les transformer en captifs. « C'est un excellent capital, très productif et dont le travail est tout profit » (2). Il n'est pas rare de voir des villages entiers presque exclusivement occupés par des captifs. Le village de Boulébané, dans le Bondou, n'est habité que par les captifs de l'almamy, ses griots et ses marabouts. L'almamy est presque le seul propriétaire du village ; il emploie tous ses revenus à multiplier le nombre de ses esclaves ; c'est pour lui à la fois une source de force et de richesse (3).

Les esclaves les plus malheureux sont ceux qui appartiennent aux pauvres gens et aux colporteurs. La misère naturelle de leur condition s'augmente du dénûment de leurs maîtres. Un travail sans relâche est leur lot ; ils n'ont pour nourriture que les débris de la cuisine de leurs maîtres ou les restes que leur offre le hasard. Les esclaves des colporteurs sont

---

(1) Clapperton, II, 88.

(2) Raffenel, 148.

(3) *Ibid.*, « La plus grande richesse des Peulhs au Fouta-Djalon consiste en captifs et en bestiaux. » (Hecquard, 330.)

ravalés au rang de la bête de somme. A peine couverts de haillons, chargés au-delà de ce que les
forces humaines peuvent supporter sans défaillir et
ployant sous le faix, Hecquard les a vus s'arrêter à
chaque pas pour respirer et manger des fruits sauvages. C'était, avec quelques restes de la table de
leurs maîtres, leur seule nourriture ; jamais on ne
faisait rien cuire pour eux (1). C'est à cette classe
inférieure d'esclaves que s'applique dans toute sa
vérité la description que Matthews a laissée des effets
de la servitude. « Flétri par le malheur, l'esclave ne
chemine jamais que les yeux baissés ; sa démarche
trahit sa condition. Si l'on excepte ceux qui sont nés
sur le bord de la mer, les esclaves sont plus petits,
moins robustes et plus mal faits que les noirs libres.
La différence des traits entre les uns et les autres
est si frappante qu'on les distingue au premier coup
d'œil » (2).

Le sort des esclaves attachés, chez les Peulhs, à la
culture du sol, est de beaucoup moins cruel. Ils vivent
dans des villages dont ils forment la population
exclusive : ce sont les *Rumbdés* ou *Roundés,* « établissements, dit Mollien, qui font honneur à
l'humanité » (3). On donne ce nom à la réunion des
cases où les habitants d'un village ont établi leurs
esclaves. Dans le Fouta-Djalon, le maître donne à

(1) Hecquard, 279, 330.
(2) Matthews, *ap.* Walckenaer, VII, 192.
(3) Mollien, II, 185.

son esclave une case et une femme prise parmi ses captives ; il lui assigne des terres, et deux jours de la semaine, le jeudi et le vendredi, lui sont réservés pour la culture de son lot personnel (1). Mollien affirme que l'esclave de la roundé n'est jamais mis en vente, même quand il est parvenu à un âge avancé (2). Toute autre façon d'agir aurait pour effet de provoquer aussitôt la désertion de la roundé. L'esclave qui se conduit mal est livré au maître par ses camarades pour être vendu (3). Hecquard a remarqué que les chants et la danse, bannis par l'Islamisme des villages libres du Fouta-Djalon, se sont réfugiés dans les roundés et sont devenus le privilège de la population servile de la campagne. La roundé a son organisation propre : Hecquard l'a étudiée à propos du village de Tsaïn, dans le Timbo, habité par les captifs de l'almamy. Tsaïn est établi au milieu de terres propres à la culture, dans une position choisie ; on n'y peut parvenir d'aucun côté sans être aussitôt découvert. La garde du village, la surveillance des travaux, l'autorité sur les personnes est confiée à une sorte d'intendant qu'on appelle *satigné*. Le satigné est pris parmi les esclaves mêmes de la roundé ; la confiance du maître l'élève au-dessus de ses compagnons, sans modifier l'essence

(1) Hecquard, 330.

(2) Mollien fait *rumbdé* masculin. — Hecquard écrit au contraire *la roundé*.

(3) Mollien, II, 185.

même de sa condition. Les esclaves de la roundé sont
soumis à ses ordres ; il est chargé de la direction
des cultures, de la garde des munitions de guerre et
de l'entretien des armes. Une grande considération
s'attache à sa personne : le satigné de l'almamy est
l'objet des prévenances et des flatteries de quiconque
veut se faire écouter du souverain. Il y a souvent
dans cet intermédiaire une source de richesses pour
cet intendant de la roundé. Le satigné se retrouve
ailleurs que dans les roundés princières. Dans la
classe riche, tout propriétaire, homme ou femme, a
ses roundés et ses satignés. Quand le nombre des
esclaves est très considérable et qu'il y a parmi eux
comme un corps de métier important, il se forme
une roundé spéciale exclusivement habitée par une
certaine catégorie d'esclaves. Il y a tout près de
Tsaïn une roundé qui n'est peuplée que par les forgerons de l'almamy (1). L'organisation de l'esclavage
rural dans le Haoussa ne diffère pas sensiblement de
celle qui est en vigueur au Fouta-Djalon. Lorsque les
hommes arrivent à l'âge de dix-huit ou dix-neuf
ans, on leur donne une femme en mariage ; jusqu'à
ce jour, ils ont été occupés à garder les chèvres, les
moutons, les bœufs, puis à soigner les chevaux du
maître et à remplir à l'intérieur une foule de soins
divers.

Une fois mariés, leur maître les établit dans un de
ses villages où le nouveau couple construit sa case. Il

(1) Hecquard, 297, 329.

les nourrit jusqu'au temps de la moisson. Quand la saison des travaux est arrivée, il leur fait connaître la quantité de produits qu'il réclame d'eux et la portion de terrain qu'ils doivent cultiver pour lui. Il leur permet alors d'enclore un lopin de terre pour eux et leur famille. L'esclave travaille pour son maître depuis le commencement du jour jusqu'à midi ; le reste de la journée lui appartient. Il peut en disposer à son gré. A la récolte, chaque esclave reçoit pour lui un paquet de différentes espèces de grains, à peu près la valeur d'un boisseau. Il est propriétaire de tout ce qu'il récolte sur le lot qui lui a été abandonné. Il s'établit entre les esclaves d'un même village une étroite solidarité ; on les voit cultiver le champ de leur compagnon malade, et se prêter en toute occasion une aide mutuelle. Il ne leur est pas interdit de posséder même des esclaves, si l'opulence de leur épargne le leur permet. On en cite qui deviennent aussi riches que leurs maîtres, tout en restant soumis pour leur rachat à leur bon vouloir ou à leur caprice. Pendant le chômage, l'esclave rural est à la disposition de son maître, qui peut le prendre à sa suite dans un voyage ou l'enrôler pour la guerre (1).

L'aristocratie de l'esclavage se compose des esclaves domestiques. Ce sont le plus souvent les esclaves nés dans la maison du maître ; ils sont traités avec douceur et font pour ainsi dire partie de

(1) Clapperton, II, 87. — Hecquard, 330. — Denham, III, 124.

la famille. Ils sont nourris de la même façon et paraissent avec elle sur le pied d'égalité. Il y aurait déshonneur à les vendre ou à les donner. Cette règle s'applique d'ailleurs à tous les enfants d'esclaves, qu'ils soient nés dans la maison ou dans une ferme. La vente n'est qu'une ressource extrême contre les esclaves incorrigibles, après que toute une série de châtiments a été épuisée. Il arrive même quelquefois que les enfants d'un esclave soient élevés avec ceux du maître ; ce n'est jamais qu'une exception. Il faut sans doute admettre au même titre le fait rapporté par Clapperton, que, dans le Haoussa, les esclaves des deux sexes appartenant aux Peulhs riches apprennent tous à lire et à écrire l'arabe, avec des maîtres spéciaux (1).

Les affranchissements ne sont pas rares chez les Peulhs, au moins dans le Haoussa et le royaume de Sokoto. La mort du maître en est une des occasions les plus fréquentes. Il est aussi d'usage d'affranchir un certain nombre d'esclaves chaque année pendant les fêtes qui suivent le Ramadan et à propos d'autres cérémonies religieuses. Les lettres de manumission doivent être signées devant le cadi et certifiées par deux témoins. Ceux qui ne savent pas lire font une croix. Il est rare que les affranchis retournent dans

---

(1) Clapperton, II, 89. — Ceux des esclaves domestiques qui ne sont pas occupés à l'intérieur, sont logés dans des maisons particulières et travaillent à différents métiers au profit de leurs maîtres. (Denham, III, 124).

leur pays ou quittent la résidence de leurs maîtres. Ils continuent à rester auprès d'eux, les regardant toujours comme leurs supérieurs et leur offrant annuellement une partie de leurs gains (1).

Il serait surprenant que la société peulhe ne fût pas troublée par intervalles par quelqu'un de ces soulèvements qui sont la revanche de l'esclavage. Au Fouta-Djalon, on garde le souvenir d'une grande conspiration d'esclaves étouffée avant son explosion. Les conjurés avaient eu la folie de se disputer à propos des dépouilles avant d'avoir réussi. Ils furent tous saisis, vendus et mis à mort. C'est à la suite de ce tumulte et de la terreur qu'il répandit que les esclaves du Fouta-Djalon furent désarmés et n'allèrent plus à la guerre. Seuls aujourd'hui les esclaves de confiance ont la permission de se servir d'un arc ou d'un fusil (2). La révolte est la ressource d'un désespoir extrême et général : c'est le plus souvent par des coups isolés et mystérieux que la haine servile s'assouvit. Pendant le séjour de Clapperton à Kano, la ville fut livrée un matin aux plus vives alarmes : on avait trouvé un marchand de Ghadamès étranglé dans son lit. On soupçonna du meurtre ses femmes esclaves. Comme c'est la coutume en pareil cas, on envoya les coupables présumées à la côte maritime pour y être vendues aux marchands d'esclaves (3).

(1) Denham, III, 35.
(2) Hecquard, 330.
(3) Clapperton, II, 6.

Il est malaisé de savoir exactement la proportion numérique des hommes libres et des esclaves dans la société peulhe. Hecquard croit que dans le Fouta-Djalon le nombre des esclaves est égal, sinon supérieur, à celui des hommes libres (1). A Kano, suivant Clapperton, il y aurait eu 30 esclaves pour un homme libre (2).

Le même voyageur nous a laissé la description de la prison de Sokoto, qui est la terreur des esclaves. C'est une construction de 80 pieds de longueur sur autant de largeur, couverte d'un toit en terre, défendu par des branchages. Dans l'intérieur, un puits profond est destiné à recevoir les malfaiteurs qui ont commis les plus grands crimes. C'est là qu'on incarcère les esclaves désobéissants. Ils ne reçoivent d'autre nourriture que du son de millet ou du dourrah et de l'eau. Chaque jour les prisonniers sont menés deux à deux pour travailler aux murs de la ville ou à tout autre ouvrage pénible (3).

Les esclaves des Peulhs appartiennent aux races les plus diverses : aucun n'est d'origine peulhe. Jamais les Peulhs ne se vendent entre eux : leur orgueil et leur esprit national très développés le leur interdisent. S'ils apprennent qu'un de leurs compatriotes ait été vendu, ils n'ont de repos qu'après l'avoir enlevé des mains de ceux qui l'ont acheté (4).

(1) Hecquard, 331.
(2) Clapperton, II, 6.
(3) *Id.*, II, 79.
(4) Mollien, I, 286.

Il y a donc en résumé chez les Peulhs deux catégories distinctes d'esclaves qui n'ont, pour ainsi
parler, de commun que le nom. Les uns, prisonniers
de guerre, objet de commerce, véritable valeur
d'échange, ne tiennent par aucune racine à cette
société ; ils constituent en partie son capital ; on les
ménage à ce titre seul. Ils n'ont ni droits, ni famille,
ni intérêt d'aucune sorte qui les lie à leurs maîtres.
Les autres, esclaves ruraux ou domestiques, à des
degrés divers, font partie intégrante de la société
peulhe ; tandis que les autres ne reçoivent rien en
échange de leurs services, ceux-ci recueillent certains
avantages en retour de ceux qu'ils procurent. Leur
qualité de chefs de famille, de propriétaires, la valeur
de leurs services comme ouvriers agricoles ou comme
artisans en font des personnes en regard de leurs
maîtres. Ce sont presque des associés dans l'ensemble
de l'organisation. On voit que l'affranchissement
même, s'il modifie l'ensemble de leur condition, ne
change pas grand'chose à leurs façons d'agir et ne les
détache pas de leurs maîtres. Si l'on réunit sous le
nom unique d'esclavage cette diversité de conditions,
il faut se garder d'oublier combien est grande la
variété des traitements.

II.

Chez tous les peuples qui ne sont arrivés qu'à la
première étape de la civilisation, le rang de la femme

dans l'organisation sociale est à mi-chemin entre la condition de l'esclave et celle de l'homme libre. Cependant, si l'on se rapporte aux témoignages sur la condition générale de la femme dans la société peulhe, le jugement qu'on en porte tout d'abord est des plus favorables. « Chez les Poules, écrit Mollien, les femmes ont plus d'ascendant sur les hommes que dans les autres États nègres » (1). Il dit ailleurs : « Ce ne sont plus des esclaves comme les femmes yolofes, ce sont des épouses vraiment maîtresses de maison ; elles obéissent, mais seulement quand elles le veulent, et les maris sont souvent obligés de céder. Cette différence de mœurs entre les Yolofs et les Poules donne lieu de penser que la civilisation est plus avancée chez ces derniers que chez les Nègres » (2). Caillié rend aux Peulhs cette justice qu'ils ne maltraitent pas leurs femmes comme les Nègres situés plus au Sud (3). Clapperton reconnaît qu'elles jouissent de beaucoup plus de liberté que les autres femmes musulmanes (4). Hecquard constate que les Peulhs ont beaucoup de respect pour leurs femmes et qu'ils les consultent en toutes choses (5). On est loin, ces citations le prouvent, du régime de la femme asservie à son mari par les lois et par les

---

(1) Mollien, II, 130
(2) Id : I. 289, 291.
(3 Caillié, II, 209.
(4) Clapperton, II 82
(5) Hecquard, 330.

mœurs. Étudions de plus près cette condition spéciale.

L'Islamisme a consacré chez les Peulhs la polygamie. Les Peulhs peuvent avoir quatre femmes : le Koran ne leur en permet pas davantage. Tous ceux auxquels leur état de fortune permet ce luxe ont quatre femmes légitimes ; les pauvres n'en ont que deux ; parfois même la misère les réduit à une monogamie de fait. En outre de leurs femmes légitimes, les Peulhs entretiennent autant de concubines qu'ils peuvent en nourrir. Ces dernières, appelées *Tara*, sont ordinairement prises parmi les esclaves. Dès qu'elles donnent le jour à un enfant mâle, elles deviennent libres (1). La dignité d'épouse élève entre ces deux catégories de femmes une barrière qui ne s'abaisse jamais. Les lois somptuaires qui règlent la forme et la valeur des bijoux que peut porter chaque classe de femmes, interdisent, sous les peines les plus sévères, aux femmes esclaves de porter des bijoux d'or et d'argent. Fussent-elles concubines du roi, même affranchies après lui avoir donné un enfant, elles n'ont même pas le droit de porter la pagne dont s'enveloppe la femme libre (2).

Caillié a remarqué que dans un même ménage les femmes sont en général peu jalouses les unes des

(1) Clapperton, II, 82. — Caillié, II, 209. - Hecquard, 325.

(2) Hecquard, 329. « Il n'y a que les femmes de la famille principère des Sidrianquais qui aient le droit de se parer des bracelets ou brassards en argent qui leur couvrent le bras depuis le poignet jusqu'à la saignée. »

autres, à moins que le mari ne fasse un présent à l'une
sans rien donner à ses compagnes (1). Cependant, s'il
faut en croire les déclarations de Job ben Salomon,
les maris en sont réduits à observer une exactitude
scrupuleuse pour n'éveiller la susceptibilité d'aucune
de leurs femmes. « Pour éviter les jalousies et les
querelles, les maris font un partage égal de leur
temps entre leurs femmes, et leur exactitude à l'observer est si grande que pendant qu'une de leurs
femmes est en couches, ils passent seuls dans leur
appartement toutes les nuits qui lui appartiennent » (2). Cette revendication par les femmes de
leurs droits, dans la région sénégambienne, est de
nature à surprendre, quand on se rappelle ce qu'a dit
Clapperton des mœurs conjugales dans le Haoussa.
« Quand un homme a des rapports intimes avec une
des filles données en douaire à sa femme, il doit la
remplacer le lendemain par une esclave vierge de
valeur égale. Cela n'occasionne d'ailleurs aucune
dispute entre les parties » (3).

Les femmes peulhes se marient vers l'âge de
quatorze ans. Jusque-là, elles secondent leurs mères
dans les soins du ménage, préparent avec elles l'ordinaire et lavent le linge de la famille (4). Elles ont pour
tout vêtement une pagne qui leur prend la taille et

---

(1) Caillié, I, 331.
(2 Walckenaer. IV, 20.
(3) Clapperton, II, 86.
(4) Caillié, II, 209,

leur entoure le corps. Une fois mariées, elles ne doivent plus sortir seules ; elles s'enveloppent alors dans
un long morceau d'étoffe qui leur descend jusqu'aux
talons et qu'elles entr'ouvrent pour marcher (1).
Jeunes filles ou femmes, elles sortent sans être voilées.

On se marie très jeune chez les Peulhs, les
hommes aussi bien que les femmes. Ils donnent pour
raison qu'il est sage de devancer les hasards de
la guerre et qu'il faut empêcher l'extinction des
familles. Cette précocité et les abus ordinaires de la
polygamie ont raison de bonne heure de la vigueur
des hommes et sont la cause la plus active de leur
vieillesse prématurée (2).

Les cérémonies qui précèdent et accompagnent le
mariage en font un acte solennel et témoignent de
l'importance que l'opinion y attache. Le père et
l'oncle du jeune homme qui veut se marier, assistés
de deux anciens du village, se mettent en relation
avec les parents de la jeune fille. Ils ont mission de
discuter la valeur du cadeau dont l'offre vaudra au
fiancé le droit de faire sa cour. La valeur du cadeau
varie suivant l'âge, la condition, la beauté et les
mérites de la jeune fille, depuis cinq noix de cola
jusqu'à cinq captifs. Ce cadeau constitue le douaire
de la femme (3). Dans le Haoussa, le douaire donné
par un homme riche consiste en jeunes femmes

---

(1) Hecquard, 329.
(2) Id., 323.
(3) Walckenaer, IV, 20.

esclaves, en calebasses sculptées et montées, remplies de millet, de dourrah et de riz, en pagnes, bracelets et objets de toilette, en grands mortiers pour battre le grain et en pierres pour le moudre. Tous ces objets seront portés avec grand apparat sur la tête des femmes esclaves, quand la maîtresse se rendra pour la première fois à la maison de son mari (1).

Quand le cadeau a été accepté, le jeune homme est autorisé à voir sa future ; mais seulement le soir et en présence de ses parents. Il faut ensuite débattre la valeur de la dot, qui égale ordinairement trois fois celle du cadeau, et fixer l'époque de son paiement. L'homme qui n'a pas d'esclaves pour payer la dot de sa femme, travaille pour son beau-père : c'est ainsi que Jacob passa quatorze ans au service de Laban (2).

Le jour même du mariage, la cérémonie s'ouvre par un simulacre de lutte pour l'enlèvement de la jeune fille : il faut arracher la future épouse de la maison paternelle. Tous ses cousins s'assemblent devant sa porte pour la défendre ; le fiancé se présente escorté des jeunes gens du village. Des coups de fusil sont tirés, et, la comédie de la résistance jouée, les portes s'ouvrent devant le fiancé et sa troupe. Après cette scène de violence fictive, le sort de la jeune fille n'est pourtant pas encore décidé ; il ne s'agit pas en effet d'un enlèvement légal. Les mœurs reconnaissent à la jeune fille le droit de se

(1) Clapperton, II, 86.
(2) Mollien, I, 295.

refuser ou de se donner librement, même après ces préliminaires Le père respecte sa liberté (1) et lui demande : « Un tel désire t'épouser et t'apporte telle dot ; si tu acceptes sa main, tu dois te taire ; si tu la refuses, dis-le hautement ». Sans le consentement de la jeune fille, toutes les conditions antérieures sont nulles de plein droit ; c'est son libre acquiescement qui les noue d'une façon définitive. Si la fille se tait, le père prend une corde, lie la fiancée, la frappe légèrement et la remet à son mari, pour marquer que l'autorité paternelle a passé entre ses mains, et que seul, désormais, il a le droit de correction sur la jeune femme. Comme il arrive d'ordinaire, ce symbolisme, reflet d'un autre âge, ne paraît pas en rapport avec les mœurs actuelles qui font à la femme dans le ménage une situation plus élevée. La consécration religieuse donnée dans la mosquée par le marabout clôt la cérémonie.

Les époux sont alors reconduits à la case qu'ils doivent habiter. Sur le seuil, la jeune femme reçoit de la main de sa belle-mère un balai, un pot en terre et une quenouille chargée de laine : ce sont les emblèmes du rôle qu'elle a pris l'engagement de remplir. Le soir un banquet est offert aux assistants ; des bœufs ont été abattus ; seule, la nouvelle mariée ne paraît pas à la table du festin (2).

(1) « On m'a dit que la fille (dans le Haoussa) est toujours consultée par ses parents ; mais on n'en a pas encore entendu une seule prononcer un refus. » Clapperton, II, 86.

(2) Walckenaer, IV, 20.

Job ben Salomon ajoute quelques particularités étranges, exactes sans doute de son temps, mais dont la mention ne se retrouve chez aucun des auteurs ultérieurs. Les usages auxquels il fait allusion étaient pourtant de nature à frapper tout observateur. Le visage de la nouvelle épousée ne doit être vu de personne, pas même de son mari, aux yeux duquel la loi veut que pendant trois ans elle paraisse toujours voilée. Ainsi Job, qui n'avait passé que deux ans avec sa femme avant d'avoir été réduit en esclavage, affirmait ne pas l'avoir encore vue sans voile.

Le mariage se dissout par la répudiation et par le divorce. La répudiation est le fait du mari, qui peut toujours, quand il lui plaît, renoncer à la possession de sa femme. Les prétextes ou les motifs ne sont pas malaisés à trouver : la stérilité de la femme, sa mauvaise conduite, la lassitude du mari sont les plus ordinaires. Dans ce cas, suivant Hecquard, la dot portée en mariage devient la propriété de la femme répudiée. D'après Job, au contraire, le mari ne laisse à sa femme que la valeur qu'elle a reçue pour douaire. La femme répudiée est libre de se remarier, et elle en trouve facilement l'occasion, sa réputation n'étant pas atteinte par cet accident dont elle est la victime. Si elle y consent, elle peut aussi être reprise par son mari, après une année d'intervalle (1).

_____

(1) Hecquard, 324.

L'homme ayant toujours entre ses mains l'arme de la répudiation, le divorce est la ressource de la femme et n'est demandé que par elle. On peut le demander pour mauvais traitements, pour défaut d'accomplissement du devoir conjugal, pour manque de soins ou insuffisance de nourriture, pour infidélité. Le divorce est prononcé par le marabout et la femme reprend sa dot. Par une singulière sévérité de l'opinion, la femme divorcée tombe dans un discrédit qui lui enlève tout espoir de faire un second mariage. Le mari n'a pas davantage le droit de reprendre la femme divorcée Dans la double hypothèse de la répudiation et du divorce, le père a le droit de garder les enfants (1). A la mort du mari, la veuve retourne chez ses parents avec la dot qu'elle a apportée (2). Les frères du défunt ont le droit d'épouser ses veuves (3).

Les femmes sont chargées des soins domestiques ; elles préparent l'ordinaire de la famille, dirigent dans leur travail les esclaves de leur sexe, nettoient et filent du coton, et cultivent un petit jardin près de leurs cases. Elles font vendre au marché par leurs esclaves le coton qu'elles ont travaillé, du grain, du ferro-ferrocou, du millet, des gâteaux frits dans le beurre, du poisson frit que les jeunes esclaves mâles ont pêché. Elles ne mangent jamais avec leur mari

(1) Walckenaer, IV, 20. — Mollien, I, 295. — Hecquard, 324.
(2) Clapperton, II, 86.
(3) Hecquard, 326.

ni avec leurs fils. Dans les ménages pauvres, où le nombre des esclaves est très restreint, les femmes passent la plus grande partie de la nuit à piler le mil, besogne très fatigante qui leur laisse à peine quelques heures de repos (1).

Dans la classe aisée, le travail de la femme se bornant à la direction des esclaves, elle donne à sa toilette, aux devoirs de société et à la galanterie le plus clair de son temps. Les soins donnés à la chevelure, aux dents, aux sourcils et aux cils occupent de longues heures. Elles font et reçoivent des visites ; « car ce sont de grandes babillardes, ajoute Clapperton, et elles aiment beaucoup les commérages » (2). Dans la classe riche, chaque femme a ses terres, ses captifs, son *satigné*. Elles paraissent avoir un vif sentiment de l'honneur de la race et une passion religieuse exaltée, s'il est vrai qu'elles soient prêtes à tout donner, épargnes et bijoux, lorsqu'il s'agit de lever une armée pour combattre les infidèles et soutenir leur parti (3).

Quant à leurs mœurs, il est sage de se tenir en garde contre les apparences. Quand elles rencontrent des hommes sur leurs pas, elles se cachent dans les bois, si l'on est hors du village, ou se retournent du côté des murs, jusqu'à ce qu'ils soient passés. Cette fureur de modestie ne serait, paraît-il, qu'hypocrisie

---

(1) Caillié, I, 331. — Mollien, I, 293. — Clapperton, II, 82.
(2) Clapperton, II, 82.
(3) Hecquard, 330.

toute pure; « car elles sont, surtout dans la classe élevée, très dissolues, et ne savent pas résister lorsqu'on leur offre de l'ambre ou une parure » (1).

L'auteur qui nous a déjà fourni tant d'observations précises sur les mœurs des Peulhs, nous révèle aussi tout un côté piquant de la vie morale de leurs femmes. La coutume que décrit Hecquard sous le nom de *kélé* fait songer aux Sigisbées Italiens. « Chaque femme a un amant de cœur qu'on nomme le kélé. Elle le prend d'ordinaire parmi les jeunes gens élevés avec elle dans le même village. Le kélé est connu du mari qui le tolère. Du reste, il est peu d'exemples que cet amant ait des privautés coupables avec sa maîtresse. Leur commerce reste généralement sentimental. Le kélé est toujours aux ordres de son amante, à laquelle il ne sait rien refuser. Un griot vient-il la chanter, lui offre-t-il des vœux pour son bonheur ; elle l'envoie à son kélé pour qu'il le récompense. » Cette étrange institution qui témoigne d'un certain raffinement et d'une corruption élégante dans les sentiments n'est pas spéciale aux Peulhs. Rohlfs peint de la façon suivante les femmes

---

(1) Hecquard, 329. — « Ne sachant ni lire ni écrire, les femmes peulhes, pour remplacer les lettres, ont imaginé de donner une signification aux noix de cola. Une seule noix blanche signifie « je vous aime » ; deux veulent dire : « je vous attends. » Si la noix est mordue une seule fois, l'heure du rendez-vous est celle de la première prière ; deux fois, celle de la seconde ; et ainsi de suite. Une noix rouge, veut dire que l'on est seule ; deux, qu'il ne faut pas venir. Les hommes répondent par les mêmes moyens. »

non peulhes de Kouka : « Le soir, elle appelle une servante, sort et s'offre à l'homme qu'elle a remarqué dans le jour. Son mari ne s'en étonne pas et trouve cela si naturel que l'on songe aux Sigisbées et aux cavaliers servants des Italiens » (1).

Il faut noter à l'avantage des femmes peulhes que leur commerce reste tout sentimental et ne tombe pas dans les fanges de l'adultère. Cette coutume est ancienne dans le Soudan ; le passage suivant d'Ibn Batouta en fait foi. « Je me rendis, étant à Iouâlâten, chez Abou Mohammed Yandecân. Il était assis sur un tapis, tandis que, au milieu de la maison, il y avait un lit de repos surmonté d'un dais, sur lequel était sa femme en conversation avec un homme assis à son côté. Je dis à Abou Mohammed : Qui est cette femme ? — C'est mon épouse, répondit-il. — L'individu qui est avec elle, que lui est-il ? — C'est son ami. — Est-ce que tu es content d'une telle chose, toi qui connais les préceptes de la loi divine ? — La société des femmes et des hommes a lieu pour le bien et d'une façon convenable, ou en tout bien et tout honneur ; elle n'inspire aucun soupçon. Nos femmes, d'ailleurs, ne sont pas comme celles de vos pays ». Je fus surpris de sa sottise ; je sortis de chez lui et n'y retournai jamais (2).

---

(1) Rohlfs, *Mittheilungen, Ergænz....*, n° 25, p. 66, col 2.

(2) Ibn Batouta, IV, p. 390. — Voir une anecdote du même genre, *ibid.*, p. 389.

Avec quelque sévérité qu'on la juge, au point de vue de la morale, cette étrange coutume est du moins un témoignage en faveur de la liberté que l'usage reconnaît aux femmes peulhes. La femme contenue par la rigueur d'une surveillance étroite se venge par d'obscures intrigues. Les relations de la femme peulhe et de son kélé ont lieu au su de tous ; c'est une étrange aberration morale que bien des causes peuvent produire, et qui est peut-être chez les femmes peulhes un fruit de la polygamie : l'épouse reportant sur un autre homme, en dehors du ménage, la jalousie d'une affection qui n'est pas payée de retour. — Les opinions générales citées plus haut nous paraissent donc justifiées ; nous ne saurions ravaler la femme peulhe au rang de la femme chez les peuples nègres. Il faut lui assigner au moins le même rang qu'à la femme arabe, peut-être même un rang plus élevé ; car elle nous semble avoir dans les relations extérieures de la vie une liberté plus grande et dans son rôle domestique une influence mieux assise.

Dans tous les actes importants de la vie, le marabout a une place considérable (1). Interprètes du Koran, qui sert de loi civile et de loi religieuse tout

---

(1) Watt et Winterbottom, au dernier siècle, et plus récemment Hecquard, ont décrit la cérémonie des funérailles chez les Peulhs du Fouta-Djalon. Aucun trait particulier ne la distingue des funérailles faites en pays musulman. (Walckenaer, VII, 259. — Hecquard, 325.)

ensemble, ils président à toutes les solennités de la vie et vident la plupart des différends. Dans les affaires civiles, au Fouta-Djalon, ils sont assistés de l'assemblée des vieillards, et du conseil de Timbo dans les affaires criminelles entraînant la peine de mort. L'assemblée des vieillards et le conseil paraissent remplir un office semblable à celui de notre jury ; ils prononcent sur le fait ; les marabouts appliquent la peine aux accusés reconnus coupables. Les difficultés d'interprétation du texte sacré ont favorisé la formation, au Fouta-Djalon, d'une classe d'hommes qui assistent les parties dans les procès qu'elles ont à soutenir. Ces avocats, beaux parleurs, comme tous les Peulhs en général, sont protégés contre le caprice ou le mauvais vouloir des marabouts par l'opinion qui leur laisse toute liberté de discourir. Il est défendu de les interrompre quand ils ont pris la parole.

C'est aussi le Koran qui règle les droits à une succession. Le marabout préside aux partages ordinaires. Lorsqu'il s'agit de la succession d'un chef ou d'un homme puissant, c'est l'almamy lui-même, au Fouta-Djalon, qui est chargé de ce soin ; une part lui est réservée dans les héritages. La succession de l'étranger est recueillie par le chef du village, assisté du marabout ; l'un et l'autre en deviennent dépositaires et responsables envers les héritiers, s'il s'en présente dans un délai déterminé. Dans le cas contraire, les biens de l'étranger défunt sont partagés en trois lots, qui reviennent à l'almamy, au chef et au marabout du village (1).

La tutelle des enfants mineurs est attribuée à l'aîné des enfants ; il doit servir de père à ses frères et administrer leurs biens jusqu'à leur mariage. Telles sont les règles relatives aux successions dans le Fouta-Djalon. C'est la seule région occupée par les Peulhs dans laquelle cette question de droit ait été étudiée. Comme les Peulhs ont atteint là le degré le plus élevé d'organisation sociale et politique, il est vraisemblable que les grandes lignes ont dû en être reproduites dans les autres pays occupés, et qu'on est autorisé à voir là le type des faits primordiaux de leur vie sociale.

III.

L'organisation politique des Peulhs s'offre à nous avec des traits divers suivant la région dans laquelle il nous est donné de la connaître. Il s'en faut qu'ils présentent sur tous les points un degré à peu près uniforme de développement : il y a loin, on le devine, des tribus nomades aux dominateurs établis depuis des siècles dans leurs établissements fixes du Fouta-

(1) Hecquard, 325. — La dot de la femme divorcée appartient à ses enfants après sa mort (Mollien, I, 295).

Djalon. Raffenel parle de ces espèces de hordes insoumises, formées par les Peulhs nomades, adonnées au pillage pendant la saison où chôment les travaux des champs. Vivant alors en dehors de toute loi, elles sont pour l'almamy un objet de terreur ; on n'oppose à leurs déprédations dans le Fouta que des efforts impuissants (1). Ce régime, qui est l'exclusion même de toute organisation politique, est heureusement l'exception. Nous passerons en revue les formes les plus curieuses de gouvernement observées chez les Peulhs.

Au Fouta (2), le gouvernement est théocratique et électif. Mais l'élection de l'almamy est soumise à certaines règles qui en restreignent l'exercice. La nation, dans l'ordre politique, est formée par différentes familles ou tribus : les Irlabés, les Bosseyabés, les Diophanns, les Eleybobés, les Laôs, les Déliankés, et les Peulhs. Chaque tribu acclame un candidat. Il appartient ensuite au conseil suprême des *cinq* de choisir sur cette liste. Ce conseil, dont l'autorité s'exerce d'une façon permanente pendant la vie de l'almamy, qui a le droit de réprimander, de déposer, même de condamner à mort le souverain, est tout

(1) Raffenel, 267.

(2) « Les limites du Fouta, en suivant les bords du Sénégal, commencent à Dagana, et finissent au marigot de N'Guérerr. Ce pays se divise en trois parties, obéissant toutes à un chef unique, qui a placé des espèces de gouverneurs de province dans chacune d'elles. Le Fouta-Toro est la partie la plus ouest ; une autre, le Fouta propre ; à l'est, le Fouta-Damga. » Raffenel 260.

puissant pendant l'interrègne. Cependant l'oligarchie des tribus ne s'incline pas toujours devant ses arrêts : il arrive souvent que plusieurs almamys, soutenus par les gens de leur tribu, se disputent le pouvoir (1).

L'almamy, au Fouta-Toro, est en même temps le premier et le plus sacré des marabouts. Son titre d'almamy est une corruption des mots *El emir moumenyn*, le chef des croyants.

Dans le Bondou, l'almamy est aussi un marabout ; mais cette qualité de marabout, d'homme instruit dans la science du Koran, est subordonnée à celle de guerrier et ne vient qu'à un rang tout à fait inférieur. Le caractère de guerrier domine. Le costume de l'almamy rappelle par un trait celui des marabouts, auxquels il emprunte la calotte rouge. Son pouvoir n'est pas limité par les privilèges d'une oligarchie ; il dispose de revenus considérables qui assurent son indépendance : ce sont le droit de dîme sur toutes les productions végétales, l'impôt prélevé sur les marchands qui traversent le royaume, la dîme sur le sel qui est porté à la côte par ses sujets (2).

Hecquard nous a révélé d'une manière complète l'organisation politique aujourd'hui en vigueur au Fouta-Djalon et les vicissitudes qu'elle a subies avant de se fixer dans la forme actuelle. Le Fouta-

---

(1) Raffenel, 260. — Mollien, I, 278.
(2) Gray et Dochard, *ap.* Walckenaer, VII, 162.

Djalon forma tout d'abord une république théocratique ; les marabouts avaient plié à leur autorité
l'humeur guerrière des Peulhs. Une élection à deux
degrés désignait les treize membres d'un conseil
suprême, auquel appartenait la direction exclusive
des affaires politiques et religieuses. Ce conseil souverain eut sa résidence dans une ville fondée pour le
recevoir, à Foucoumba (1). La dîme des récoltes et
du butin fait à la guerre fut affectée à l'entretien de
ses membres. La domination de cette oligarchie
théocratique se fût maintenue longtemps encore, si la
cupidité des treize n'eût mis dans tout leur jour les
vices du système. Les chefs les plus puissants se
virent menacés dans leur autorité, dans leur vie
même ; le conseil ne craignit pas de punir par la
confiscation leurs infractions les plus légères à la loi
de Mahomet ; il disposa même de leurs femmes. Un
de ces chefs, Ibrahim-Seuris, se fit le vengeur de la
querelle de tous ; il s'empara de Foucoumba, fit
trancher la tête à ses ennemis, convoqua une assemblée générale de la nation où les guerriers se trouvaient
en majorité, et se fit nommer chef de l'État et de la
Religion, sous le titre unique d'almamy (2). Il
remplit l'ancien conseil de ses partisans, augmenta
le nombre de ses membres et le transféra à Timbo,
pour le tenir sous sa main. Ce conseil, aujourd'hui
appelé conseil des *anciens,* est présidé par l'almamy.

(1) Dans le Timbo, au N.-O de la ville de Timbo.
(2) Hecquard, 314.

Son autorité est encore considérable ; car l'almamy ne peut faire la guerre sans son aveu. Cependant l'opposition du conseil peut être levée par une assemblée spéciale du peuple, convoquée par l'almamy à cet effet.

Le couronnement de l'almamy se fait avec une solennité singulière. La religion lui prête l'éclat et la majesté de ses cérémonies. A l'heure de la prière du soir, le peuple est convoqué au son du tabala (1) à la mosquée et sur la place publique. Après un discours du prétendant à la dignité souveraine, le marabout le plus influent prononce une prière à laquelle toute l'assistance répond ; puis il place sur la tête du nouvel almamy le turban de mousseline blanche, qui est l'emblème définitif de la souveraineté, et dans sa main gauche un long bâton noir orné d'une petite pomme d'argent (2). Il lui fait jurer sur le Koran de conserver intacte la religion de ses pères, de porter la guerre chez les infidèles. Enfin il le présente au peuple qui acclame par trois fois le

(1) « Le tabala, espèce de gros tamtam, fait avec une calebasse recouverte d'une peau de bœuf tannée, est l'insigne du pouvoir de l'almamy. Les Peulhs y attachent autant de prix que nous en attachons à nos drapeaux ; aussi la garde en est-elle confiée à celui qui a la plus haute réputation de bravoure. Son cheval est richement harnaché, et lui-même est mieux vêtu que les autres ; de sorte que je pris le gardien du tabala pour l'almamy lui-même. » (Hecquard, 258.)

(2) Dans le Bondou, l'almamy porte un long bâton blanc, terminé en fourche, sur lequel il s'appuie, quand il est obligé de demeurer debout. (Raffenel, 142.)

nouveau souverain (1). Cette cérémonie a de la grandeur ; l'homme qui est investi régulièrement du pouvoir dans de pareilles formes reçoit de l'acclamation populaire et de la consécration religieuse une indiscutable autorité. Aussi le pouvoir de l'almamy paraît-il se dégager peu à peu de l'entrave des souvenirs républicains. L'assemblée générale des chefs et des notables de toutes les provinces est encore convoquée ; c'est à elle que l'almamy doit demander les subsides nécessaires à la guerre. Mais il est rare que la volonté du prince ne fasse pas loi. Il faut reconnaître que tout en se laissant dominer ou conduire, les membres de cette assemblée tiennent à honneur de sauver avant tout leur réputation d'indépendance. Hecquard rapporte que dans des palabres auxquels il assista, les personnages les plus considérables, gagnés par l'almamy, ne se montraient jamais pendant le jour à la case royale ; ils n'y étaient reçus que la nuit. Quelques usages rappellent le temps où le pouvoir de l'almamy était l'objet de rivalités dangereuses : c'est ainsi que pendant les maladies de l'almamy, personne, excepté ses femmes, ne peut le voir. En prévision de sa mort, on veut laisser à celui de ses fils qu'il a choisi pour successeur, le temps de rassembler une armée et de s'emparer du pouvoir, avant que le parti opposé soit instruit du décès (2). L'autorité de l'almamy s'exerce d'une

(1) Hecquard 262.
(2) *Id.*, 289.

façon énergique et directe dans un rayon assez étendu autour de sa capitale : Hecquard fit la remarque qu'à mesure qu'il s'approchait de Timbo (1), les gouverneurs semblaient redouter davantage le pouvoir souverain. Exaspéré par les exigences d'un chef peulh à Foucoumba, il le menaça de se plaindre à l'almamy : « Ces mots le frappèrent de stupeur ; il se jeta à mes pieds, me suppliant de ne rien dire à l'almamy, qui ne manquerait pas de le tuer et de réduire sa famille en esclavage » (2). Cette autorité va s'affaiblissant à mesure qu'on s'éloigne du centre du gouvernement ; ainsi elle ne suffit pas à maintenir dans l'ordre les gouverneurs des provinces reculées. — Les revenus de l'almamy se composent d'une dîme prélevée sur les récoltes, des tributs payés par les populations voisines du Fouta, des coutumes perçues sur les caravanes qui se rendent dans les comptoirs européens, de la cinquième partie du butin fait à la guerre. La perception des impôts et l'administration de chacun des treize dis-

(1) C'est surtout à partir de la fin du siècle dernier que Timbo est devenue la capitale du Fouta-Djalon. Jusqu'à cette époque, Foucoumba avait été à la fois la capitale et la ville sainte. Elle a conservé ce dernier caractère. Timbo était habitée par des Peulhs idolâtres qui l'appelaient Gongori. Le nom de Timbo vient du mot peulh *Timmé*, qui désigne un arbre magnifique dont le bois est comparable, sinon supérieur à l'acajou, et qui est très commun dans la région. (Bayol, 15 décembre 1882.)

(2) Hecquard, 221, 227.

tricts (1) dont se compose le Fouta-Djalon est confiée à un chef *(lambdo)*, qui représente l'almamy, lève et commande l'armée. L'autorité religieuse est confiée à un marabout de l'ordre des *Tamsir*. Ces deux personnages, nommés par l'almamy, ont à leur tour la nomination des chefs de villages secondaires et des marabouts des mosquées (2).

Tous les Peulhs sont soldats. « En cas de guerre, chaque village désigne un nombre d'hommes suivant son importance ; les chefs amènent en outre leurs esclaves » (3). Le docteur Bayol estime que le Fouta-Djalon, avec sa population libre d'environ 5oo,ooo habitants et ses 1oo,ooo esclaves, peut mettre sur pied 25o,ooo combattants tous armés de fusils à pierre.

Le gouvernement des Peulhs, dans les états Haoussa, a conservé la forme despotique qu'il a reçue de la conquête. Le sultan dispose souverainement du gouvernement des provinces ; il nomme et destitue à son gré les gouverneurs. A leur mort ou à leur révocation, tous leurs biens font retour au sultan. La place vacante est alors vendue au plus offrant. Le despotisme se retrouve à tous les degrés de la hiérarchie : les emplois inférieurs sont vendus comme les autres ; les gouverneurs héritent aussi des biens des officiers inférieurs à leur mort ou à leur

(1) Bayol les appelle des *diwals* ; il en compte treize.

(2) Hecquard, 218.

(3) Bayol, *loc. cit.*

révocation (1). La succession au trône est héréditaire de père en fils (2).

Il faut signaler enfin chez les peuplades peulhes établies entre la rivière de Sierra-Leone et le cap de Monte, la singulière institution du *Purrah*, observée pour la première fois par Matthews (3), longuement décrite par Golberry (4). Cette institution est loin de se retrouver chez tous les peuples de race foulah ; Matthews la regarde même comme particulière au district de Sherbro. C'est la nécessité de mettre fin à des guerres interminables qui paraît lui avoir donné naissance. Il faut entendre par purrah une association, une confédération de guerriers, offrant quelque analogie avec la franc-maçonnerie européenne ou les tribunaux secrets de l'Allemagne du moyen âge (5). Chacune des cinq peuplades de Peulhs-Sousous a ses magistrats particuliers, son gouvernement local ; mais au-dessus s'exerce l'autorité de ce tribunal qui se nomme le purrah. Les cinq purrahs particuliers constituent le grand purrah, dont l'autorité souveraine s'exerce sur les cinq tribus. Pour être admis dans le purrah cantonal, il faut avoir atteint l'âge de trente ans, présenter comme

(1) Clapperton, II, 90.

(2) Lander, II, 334.

(3) Walckenaer, VII, 190. — 1785 à 1787.

(4) *Id.*, V, 418. — Gordon Laing (1822) confirme les données de Matthews et de Golberry sur le purrah. (Walckenaer, VII, 320.)

(5) Tous les traits de cette description du purrah sont empruntés à Golberry.

cautions les parents déjà initiés, qui jurent la mort
du néophyte s'il fléchit dans les épreuves ou s'il
trahit les mystères de l'association. Le candidat est
isolé pendant plusieurs mois dans une cabane où des
hommes masqués lui apportent sa nourriture ; on le
soumet ensuite à des épreuves multiples. Le tribunal
de chaque purrah de peuplade se compose de vingt-
cinq membres ; chaque tribunal particulier délègue
cinq membres qui forment le purrah général. Le
grand purrah suspend par sa décision la guerre
entre deux tribus belligérantes. Dès l'instant qu'il est
assemblé, il est défendu à tout guerrier des deux
cantons en querelle de verser une goutte de sang, et
cela sous peine de mort. Le purrah recherche quelle
est la tribu coupable de provocation ; il convoque
les guerriers nécessaires pour faire exécuter son
jugement ; enfin il juge et condamne la peuplade
coupable à un pillage de quatre jours « Les guerriers exécuteurs du jugement, tous tirés des cantons
neutres, partent de nuit du lieu où s'est assemblé le
grand conseil. Déguisés, le visage couvert d'un
masque hideux, armés de torches allumées et de
poignards, ils arrivent inopinément et avant le lever
du soleil sur le territoire qu'ils doivent piller, en
criant d'une voix terrible l'arrêt du tribunal souverain.
Les hommes, les femmes, les vieillards fuient à leur
approche ; tous se retirent dans leurs cases ; si
quelques-uns sont rencontrés dans les champs, dans
les places ou dans les rues, ils sont tués ou enlevés ;
on en n'entend plus parler. Le produit du pillage est

partagé en deux parts ; l'une est attribuée au canton outragé ; l'autre au grand purrah, qui la répartit entre les guerriers qu'il a employés à l'exécution de son arrêt. — « Telle est cette institution extraordinaire : on connaît son existence ; on ressent les effets de sa puissance ; on la redoute ; mais le voile qui couvre ses intentions, ses délibérations et ses résolutions est impénétrable.... La terreur que cette confédération inspire aux peuples des contrées où elle est établie, et même aux peuplades voisines est au-delà de ce que l'on peut dire. Les Nègres de la baie de Sierra-Leone n'en parlent qu'avec réserve et crainte ; ils croient que tous les membres de cette confédération sont sorciers » (1). Les témoignages que nous venons de reproduire sont déjà anciens ; les voyageurs récents n'ont pas eu l'occasion d'étudier cette étrange organisation, dont la description mériterait d'être confirmée. En tout cas, ce n'est qu'une institution particulière, dont l'aire de fonctionnement est très circonscrite, et qui n'intéresse pas la race foulah dans son ensemble.

(1) Golberry, *ap.* Walckenaer, V, 423.

CHAPITRE VII.

Les origines.

I.

Au terme de cette étude, nous ne pouvons nous soustraire à la difficile question des origines. Elle est du nombre de celles qui tentent le plus vivement la curiosité et provoquent la recherche; elle doit trouver sa place ici comme la conclusion nécessaire de ce travail. Nous ne nous faisons aucune illusion sur le caractère de certitude des résultats dont ce chapitre présentera le résumé; dans l'état actuel de nos connaissances, il est impossible de résoudre d'une façon satisfaisante un pareil problème. Peut-être cette impuissance est-elle irrémédiable et devons-nous renoncer à éclaircir les ténèbres qui nous dérobent l'histoire de ces époques primitives. Une partie des annales des Peulhs est aujourd'hui entrevue; nous présenterons les différentes conjec-

tures imaginées pour suppléer à ce que nous ne
savons pas. Nous nous abstiendrons d'en ajouter
nous-même une nouvelle à cette liste déjà trop
longue ; il est sage de savoir ignorer à propos et nous
n'encombrerons pas le terrain scientifique d'hypothèses nouvelles dont la critique et la réfutation
prennent un temps précieux et dont les découvertes
de demain feraient peut-être rapidement justice.

Il est tout d'abord intéressant de savoir l'opinion
que la race dont on s'occupe a de sa propre origine.
Ce n'est pas toujours un témoignage d'un grand
poids et les souvenirs traditionnels ont pu s'altérer sous
l'influence de mille causes. Il peut y avoir pourtant
dans certains cas un indice bon à recueillir. Les traditions rapportées par Mollien et par Boilat (1) font
venir les Peulhs de la région de l'Afrique située au
nord du Sahara ; ils s'étendaient dans les oasis et
poussaient leurs troupeaux jusque sur les bords du
Niger. Pressés par les Maures, ils se réfugient sur
les bords du Sénégal. — Ce sont là les souvenirs
d'une histoire relativement récente. Ils ne jettent pas
une lumière bien vive sur la question d'origine. Ils
indiquent cependant la direction générale suivie par
la race dans ses migrations en Afrique ; d'après ces
traditions, les Peulhs se seraient répandus en
Afrique par un mouvement du Nord au Sud et de
l'Ouest à l'Est, décrivant ainsi de l'isthme de Suez
au lac Tchad un arc de cercle immense qui reproduit

(1) Mollien, I, 273. — Boilat, p. 389.

le dessin général de l'Afrique au nord du Niger. Ces souvenirs contrarient l'opinion des auteurs qui font suivre aux Peulhs une marche directe de l'Est à l'Ouest à la hauteur du 15° environ.

Un imam de la tribu peulhe des Irlabès racontait, en 1817, à un voyageur européen que les Peulhs, jadis voisins de l'Arabie, reçurent la commotion générale que la naissance du Mahométisme fit éprouver aux nations environnantes : nouveaux convertis, ils traversèrent l'Afrique en conquérants, imposant le culte islamique aux peuples plus faibles qu'eux (1). Cette tradition, évidemment inspirée par une pensée religieuse, par le désir d'associer dès le premier jour de la prédication du prophète les destinées des Peulhs à celles des Arabes, ne mérite aucune créance et laisse entière la question qu'elle prétend résoudre.

Les Laobés, que l'on s'accorde généralement à tenir pour une race abâtardie, descendant des Peulhs dont ils ont la couleur, le type et le langage (2), prétendent que leurs aïeux sont venus de l'Est. Bello affirmait que les ancêtres des Peulhs, les Towrouds, venaient des pays situés entre le Nil et l'Euphrate. Un hadji peulh raconta à Clapperton qu'il avait rencontré des hommes de même race que

---

(1) D'Avezac, *Journal asiatique*, IV, 1829, p. 191, note. — Voir aussi Bayol, *Revue des Deux-Mondes*, 15 décembre 1882, p. 910.

(2) Hecquard, p. 129.

lui à la Mecque, ayant les mêmes traits, parlant un langage semblable (1).

L'accord de ces traditions frappa M. d'Eichthal. Il lui parut d'autant plus concluant, que, préoccupé déjà de l'étude de la langue des Peulhs, il la trouvait sans analogie avec celles des peuples nègres de l'Afrique. Elle lui paraissait n'offrir non plus aucune similitude ni avec celle des Berbers, ni avec celle des Bishariens et autres peuples de la région supérieure du Nil. « Elle n'est donc point, écrivait-il, un idiome africain, et c'est hors de ce continent qu'il faut aller chercher sa parenté. » Il se rappela en même temps qu'une grande terre, attenante à l'Afrique, Madagascar, renfermait une population reconnue pour appartenir à la race brunâtre de l'archipel indien, race que, du nom du peuple le plus répandu et le plus commerçant de toute cette région on appelle *Malaie* et qu'il proposait d'appeler *Malaisienne*. Il se mit alors à l'étude ; le vocabulaire peulh de Barbot, dans sa *Description des côtes de la Guinée méridionale et septentrionale*, celui de Mollien, le vocabulaire de l'idiome du Haoussa recueilli au Caire en 1808 par Seetzen, qui le composa avec l'aide d'un pèlerin peulh, la liste des mots que le capitaine Lyon recueillit à Mourzouk de la bouche d'une esclave peulhe de Sokoto, et ceux que fournissait la relation des voyages de Laird, d'Oldfield et de Clapperton, formèrent la base du travail de

(1) D'Eichthal, *op. cit.*, p. 74.

M. d'Eichthal. Il put en extraire un vocabulaire comparatif comprenant cent seize mots et les premiers noms de nombre. Prenant ensuite les vingt-six mots qui composent les tableaux de l'atlas ethnographique de Balbi pour les langues de l'archipel malais, il les rapprocha des termes correspondants de son vocabulaire peulh, et il fut frappé des analogies. Fortifié alors dans sa conviction que les rapports entre ces divers dialectes étaient des plus étroits, il éleva sur cette fragile base toute une théorie. Son esprit possédé de l'idée de ces rapports ne se laissa arrêter par aucun obstacle. C'est à la Malaisie proprement dite que se rattachent les Peulhs. Séparés des nègres africains par leurs caractères génériques et par leurs traditions, ils peuvent être considérés comme un rameau des races malaisiennes. Par là ils se rattachent à la Polynésie qui semble avoir été le principal berceau des races dominantes de l'archipel; mais ils ne se rattachent à cette région que par l'intermédiaire de l'archipel. Java est le point de l'archipel avec lequel ils offrent le plus d'affinité. Leur langue renferme un certain nombre de mots sanscrits qui semblent presque tous y avoir été introduits par l'intermédiaire de l'ancienne langue hiératique de Java. Leur migration a dû être liée à celle des Malaisiens de Madagascar. Leurs premières stations dans l'Afrique orientale paraissent avoir été l'île de Méroé, puis le Dar-Four. De là ils se sont acheminés vers l'Ouest jusque dans le Soudan occidental et dans la région sénégambienne,

où ils ont fondé de puissants établissements (1).
Engagé dans une théorie qu'il croit établie sur les
preuves les plus solides, M. d'Eichthal est amené à
exagérer les ressemblances physiques, à multiplier
les rapprochements ; il consacre à cette œuvre de
confirmation tout le chapitre XIII de son mémoire
« Si l'on compare, dit-il (2), les Malaisiens en
général et les Javanais en particulier, tels que les a
dépeints Crawfurd, et les Fellans, on est étonné de
la conformité qu'ils présentent sur beaucoup de
points ; c'est des deux côtés le même caractère
réservé, prudent, un peu mélancolique ; les mêmes
habitudes de dignité et de politesse, la même susceptibilité sur le point d'honneur, la même promptitude
à venger l'outrage. Chez les deux peuples, les
croyances religieuses, les idées superstitieuses exercent
un égal empire, et les aventuriers prophètes trouvent
toujours de nombreux adeptes prêts à croire à leur
mission ; l'Islamisme a été porté jusqu'à la limite
extrême de son empire par les Malaisiens à l'Est, par
les Foulahs à l'Ouest. Chez ces deux peuples

---

(1) D'Eichthal, *op. cit.*, ch. XII. — Comme le dit avec raison le
général Faidherbe (*Grammaire et vocabulaire de la langue poul*,
Maisonneuve, 1882, p. 62) : « M. d'Eichthal conclut que les Pouls
sont venus de l'archipel indien ou de la Polynésie. Avec les idées
nouvelles de Haeckel sur le berceau commun de l'humanité, il ne
serait plus nécessaire, pour expliquer ces similitudes linguistiques,
de faire venir les Pouls de si loin ; il suffirait de les faire venir du
continent aujourd'hui submergé que ce savant croit avoir été le
berceau de l'espèce humaine. •

(2) *Op. cit*, 131, 132.

encore les affections de famille sont toutes-puissantes;
elles vont jusqu'à obtenir aux frères rebelles le
pardon de leurs frères vainqueurs (1). L'attachement
pour le lieu de la naissance, et, chez les tribus les
plus civilisées, l'amour de la patrie et le sentiment
national sont également développés. Le goût et
l'aptitude pour la musique existent à un haut degré
chez les deux races. » Les Peulhs ont en commun
avec les Malaisiens les armes de guerre, la lance, le
poignard long et l'usage des flèches empoisonnées.
Ce sont eux qui ont reçu des Hindous le bœuf zébu
et qui l'ont importé en Afrique, eux enfin qui ont
vulgarisé en Afrique l'usage des petits coquillages
appelés *cauris*, originaires des îles Maldives, qui servent de menue monnaie dans l'Inde, le haut Thibet,
le Caboul, et même dans le sud de la Chine. Les
contrées de l'Afrique dans lesquelles les cauris ont
cours sont précisément celles qu'habitent les Peulhs ;
ils sont inconnus dans la partie orientale de l'Afrique ;
en venant de l'Est, c'est à Katagoum, sur les confins
du Bornou et du Haoussa, que Clapperton les vit
employés pour la première fois. « L'usage des
cauris paraît bien positivement commencer et cesser

(1) Clapperton fait observer que Bello fit grâce de la vie au frère
qui lui avait disputé la couronne. — Barth nous apprend que les
Peulhs ont un grand respect pour leur mère, quand elle appartient
à la classe libre. Il leur arrive souvent de donner à leurs villages
le nom de la mère du fondateur ; et les noms ainsi choisis paraissent leur rendre plus chères encore leurs nouvelles résidences.
{II, 607.)

avec la présence des Fellans. » Ce furent sans doute les tribus peulhes qui, dans leurs migrations de l'Est à l'Ouest, apportèrent avec elles dans l'Afrique occidentale les premiers cauris (1).

Enfin, désireux de retrouver un témoignage historique de ces migrations, M. d'Eichthal songe à ce fils de Cham, que le tableau ethnographique de la Genèse désigne sous le nom de *Pout* ou *Phout*. « D'après la ressemblance de nom et la concordance des positions géographiques, il me paraît extrêmement probable que *Pout* ou *Phout* est le même peuple que les Poules, ou Foulahs, que nous voyons toujours désignés, en tant que formant un corps de nation, sous le nom de *Fouta (Phout)*, et qui, à une époque plus ou moins éloignée, ont occupé le Dar-Four et même l'extrémité méridionale du territoire de Méroé. D'ailleurs la prophétie de Nahum se place entre l'époque de la destruction du royaume d'Israël et celle de la destruction de Ninive, c'est-à-dire au commencement du VIIIᵉ siècle avant l'ère chrétienne. Si ce passage s'applique réellement aux Foulahs, nous aurions la preuve de l'existence de ce peuple en Afrique à l'époque dont nous venons de parler. »

Le système présenté par M. d'Eichthal, après avoir

(1) Il est étrange que M. d'Eichthal, qui fait marcher les Peulhs de l'est à l'ouest de l'Afrique, de Méroé au Sénégal, n'ait pas été frappé de l'absence des cauris dans la partie orientale de cette zone qu'il dit avoir été occupée par les Peulhs.

joui de quelque faveur, a trouvé des juges sévères
en France et à l'étranger. Il a séduit tout d'abord les
esprits par la netteté de ses conclusions ; on lui savait
gré de résoudre, sans qu'il fût besoin de faire des
réserves, un problème compliqué et réputé longtemps
insoluble. A l'examen, on ne pouvait s'empêcher de
reconnaître sur quelle base fragile reposait cet édifice
ingénieux. Barth, dont le large esprit était au-dessus
des mesquines rivalités de peuple à peuple, et qui
n'eût pas craint de rendre hommage à un savant
français, crut pouvoir écrire : « De toutes les raisons
fournies par d'Eichthal pour établir la parenté des
Foulbe et de la race Malaio-Polynésienne, il n'eu est
pas une seule qui ait de l'importance : tous les
exemples de mots qu'il a apportés à l'appui de sa
thèse sont puisés à de mauvaises sources ou ne
signifient rien » (1). Plus âpre dans ses critiques,
avec une vivacité qui trahit sa gallophobie, M. Hartmann déclare qu'une étude du genre de celle que
présente M. d'Eichthal serait de nature à jeter le
discrédit sur toutes les recherches ethnologiques (2).
Il traite son chapitre sur les Malaio-Polynésiens de
morceau long, ennuyeux, inexact ; et il ne craint pas
de dire que s'il fait à M. d'Eichthal les honneurs
d'une réfutation en règle, c'est pour tirer de l'erreur

---

(1) Barth, IV, 148, note. — Nous ne savons pourquoi Barth
s'est obstiné à dénaturer le nom du savant français, qu'il appelle à
plusieurs reprises *Eichwaldt*.

(2) R. Hartmann, *Die Nigritier*, p. 473, 474.

où s'est engagé à sa suite un voyageur et un cher-
cheur tel que M. Duveyrier (1). C'est à M. Duveyrier
que M. d'Eichthal est redevable de l'intervention
vigoureuse du critique allemand.

Il faut reconnaître que, sans parler de la faiblesse
des arguments généraux par lesquels il croyait soutenir son système, M. d'Eichthal s'est plu à le
compromettre encore par la fantaisie de certains
rapprochements tout à fait inadmissibles, et dont
l'imprévu devait tout d'abord faire hésiter la confiance
du lecteur. C'est ainsi qu'il rapproche le nom du
célèbre sultan *Bello* de celui de la peuplade des
Bellos de l'île de Timor. « Ce nom paraît très
répandu chez les Fellans. Danfodio, le père de
Bello, est quelquefois appelé *Bello I*er. Nous trouvons
dans Mollien le nom de *Bella-Pinda* ; dans Brue,
le titre de *Siratique* (chef) de *Belle* » (2). Le nom du
royaume de *Meli* ou *Mali*, celui du village de
Malou, dans l'Yorouba, de *Mali*, dans le Foûta-
Djalon, lui paraît rappeler le nom des Malais,
Malaiou. Sans doute il n'attache à ces coïncidences
qu'une importance secondaire, et il reconnaît qu'il
obéit, en les signalant, à un scrupule d'exactitude
peut-être excessif. L'effet n'en est pas moins fâcheux,
et la puérilité de ces remarques met en garde contre
les conclusions de l'auteur (3).

(1) Voir *Bulletin de la Société de Géographie*, novembre 1872.

(2) D'Eichthal, *op. cit.*, 120, note.

(3) Il serait aisé de multiplier les exemples. C'est ainsi que
M. d'Eichthal trouve dans la comparaison de la langue peulhe avec les

Avec de tout autres sentiments que ceux qui animent M. Hartmann et une courtoisie qui a fait défaut en cette occasion à l'auteur des Nigritiens, le général Faidherbe a montré le vice fondamental du système de M. d'Eichthal. « Son opinion, écrit-il, est surtout basée sur de simples ressemblances de mots, qui, en thèse générale, ne prouvent pas grand'-chose » (1). Il en discute quelques-unes avec l'autorité que lui donnent sa pratique de cet idiome et l'étude raisonnée qu'il en a faite. « Nous avons dit que les ressemblances de mots ne signifiaient pas grand'-chose ; cela est surtout vrai pour certains mots que l'on ne sait pas analyser de manière à connaître la valeur de chacune de leurs parties. Ainsi M. d'Eichthal rapproche *koévi* « beaucoup », en poul, de *hwek* ou *keh*, des langues de l'archipel indien. Mais *koévi* est un mot composé de *ko* « cela », et de *hévi*, qui seul a le sens de puissance, de nombre. — Le mot « cheval », *poutchiou, poutchi*, que M. d'Eichthal suppose venir d'une langue de l'archipel indien, vient évidemment du berbère zénaga : *ichi, ichou*. C'est des Berbères que les Pouls ont reçu le cheval, et ils en ont pris aussi le nom..... Pour les

langues malaisiennes l'explication du nom du peuple. « *Foulah*, dans le dialecte de Rotti, *fouleh* dans celui de Madagascar veut dire *blanc*; *pouteh* a le même sens en javanais et en malais. Sans doute le nom de *Poul, Foul, Fout* c'est à-dire « blanc », fut l'appellation que les malaisiens arrivés en Afrique se donnèrent à eux-mêmes pour se distinguer des peuples noirs environnants »

(1) Faidherbe, *Grammaire et vocabulaire......*, p. 63.

noms de nombre, M. d'Eichthal fait remarquer
l'analogie des séries :

	Poul.	Diverses langues de l'archipel indien	
Deux,	*Didi,*	*Dwi,*	*Doua,*
Trois,	*Tati,*	*Talou,*	*Tatelou.*
Quatre,	*Nahi,*	*Naha.*	

« Il semble, en effet, y avoir là quelque chose :
le *d* caractérisant le nombre deux, le *t* le nombre
trois et l'*n* le nombre quatre.

« Cela existe aussi en wolof et en sérère, et, pour
quatre, la remarque s'applique encore à d'autres
langues de l'Afrique occidentale jusqu'à l'Équateur.
Ce qu'il y a de curieux, c'est que pour les nombres
deux et trois, l'analogie s'étend aux langues indo-
européennes, et, pour trois, aux langues sémitiques.

« Cette analogie suffit-elle pour conclure que la
numération poul vient de l'archipel indien? Nous
n'oserions tirer cette conclusion. Le nombre «dix»
sappo, M. d'Eichthal le fait venir du malais
sapoulo, qui veut dire « dix » ; mais plus loin, il
nous apprend que dans la même langue, «trente»
se dit : *talong-poulou* (trois dix). Le vrai mot qui
voudrait dire « dix » serait donc la syllabe *poulo* de
sapoulo ; et dès lors, que reste-t-il de la ressemblance avec le *sappo* des Pouls, où *po* est une simple
désinence. »

Cette longue citation du général Faidherbe permet
de saisir sur le vif le défaut essentiel du système de

M. d'Eichthal. L'auteur de l'*Histoire des Foulahs*
s'est laissé abuser par des ressemblances le plus souvent fortuites ; n'étant pas initié au mécanisme des
langues dont il voulait apprécier les rapports, il a
pris pour l'indice d'une étroite parenté de simples
coïncidences de hasard. Il n'est pas douteux que
l'épreuve décisive imposée à ce système par le
général Faidherbe dans les exemples cités plus haut,
ne produisît les mêmes conséquences si on en poursuivait l'application. La théorie malaio-polynésienne,
appuyée sur la parenté linguistique, est donc ruinée
à jamais ; le terrain est déblayé de ce côté.

Ce n'est pas à dire qu'il faille renoncer à attribuer
aux Peulhs une origine asiatique et que toute tentative
dans ce sens soit à l'avance condamnée. Même ceux
des auteurs qui ont toujours refusé d'ajouter foi au
système de M. d'Eichthal, ont regardé vers l'Orient
pour y trouver le berceau de la race peulhe. Nous
n'invoquerons pas l'autorité de Mathews que
M. Harthmann immole également sans pitié, pour
lui faire expier l'imprudence avec laquelle il trouve
aux Peulhs du Sénégal quelque ressemblance avec les
Laskars de l'Inde (1). Mathews n'avait pas craint
d'affirmer également que les Towrouds étaient originaires du pays entre le Nil et l'Euphrate. M. Fleu-
riot de Langle rapproche les Peulhs du type hindou
et sémite plutôt que du type africain (2). M. Knœtel,

(1) *Die Nigritier*, p. 473.
(2) *Le Tour du Monde*, 1872, p. 310

qui rattache les Peulhs au groupe éthiopien, écrit :
« Les Ethiopiens, c'est-à-dire les Kouschites,
doivent (et cela dès les temps de l'antique Egypte)
s'être détachés de l'Indus, et par-dessus l'Arabie,
être passés en Afrique où ils ont fondé trois royaumes :
le royaume de Méroé, celui des Garamantes et celui
de l'Hespérie, qui s'étendaient vers l'Ouest jusqu'à
l'océan » (1). — Le général Faidherbe ne répugne pas
à admettre l'origine asiatique des Peulhs : « Ils sont
peut-être anciennement venus de l'Orient, amenant
avec eux le bœuf à bosse (zébu) qui est le même que
celui de la haute Égypte et de la côte orientale
d'Afrique » (2). Mais ce n'est dans sa pensée qu'une
hypothèse : il sait trop bien le péril de ces conjectures, « aujourd'hui surtout que presque tout ce
qu'on avait admis sur les origines de l'humanité est
à remanier en présence des découvertes de l'histoire
naturelle et de l'anatomie comparée » (3). En même
temps qu'il condamne le système de M. d'Eichthal,
Barth ajoute : « Je suis moi-même d'avis qu'il faut
chercher leur origine dans la direction de l'Est ; mais
cela se rapporte à une époque entourée d'obs-
curité » (4). La réserve de ces deux auteurs est un
exemple utile à méditer : elle nous rappelle au sen-

---

(1) Knœtel, *Der Niger der Alten u. andere wichtige Fragen der
alten Geographie Afrika's*, mit einer Karte die Nordwestliche
Afrika nach Ptolemœus darstellend. — Glogau, 1866.

(2) *Grammaire et vocabulaire*, p. 2.

(3) *Ibidem*.

(4) Barth, IV, 149.

timent des différences qui séparent les résultats scientifiques des données conjecturales. Leur conclusion sur ce premier point du problème sera la nôtre : il est possible, il est vraisemblable même que les Peulhs sont venus de l'Orient et que l'Asie fut leur berceau ; rien ne nous autorise encore à l'affirmer ni à renoncer au vague de cette indication générale (1).

II.

Aux auteurs qui admettent l'origine asiatique des Peulhs s'opposent ceux qui prétendent en faire une race essentiellement africaine. Au premier rang se

(1) On ne saurait citer parmi les imitateurs de cette réserve M. Daniel Lièvre, dont l'étonnante théorie résout la question de l'origine des Peulhs d'une façon inattendue. Parlant des tribus de Gaulois qui, lors de l'émigration en Grèce et èn Asie, en 280, poussèrent jusqu'en Égypte, et des 4,000 Gaulois qui tenaient garnison en 264 dans la seule ville de Memphis, M. Lièvre ajoute : « Établis dans ces régions saines et fertiles (plateaux de la Haute-Éthiopie), les Gaulois y sont devenus la souche de toutes ces peuplades blanches du continent mystérieux qui ont tant étonné les voyageurs. De leur mélange avec les indigènes sont nées ces races intelligentes qui ont probablement entre leurs mains l'avenir de l'Afrique : les Peulhs, Foulahs, Souhâhelis. ... • (*Revue de Géographie*, avril 1882, p. 309). — Nous ne croyions pas avoir tant de raisons d'écrire plus haut (p. 51), que la France avait un intérêt de premier ordre à bien connaître les Peulhs : les voilà tout à fait de notre famille.

place naturellement M. Hartmann. Il déclare ne
trouve chez les Peulhs absolument rien qu'il ne
retrouve chez d'autres groupes de peuples africains (1). Il n'hésite pas à affirmer que les Peulhs
forment, avec les Abyssiniens, les Somalis, les
Bedjas, les Schouas, les Mombuttu et autres nations
semblables de l'Afrique, un ancien peuple essentiellement africain. Ses origines sont obscures ; mais on
peut tenir pour établi qu'il s'est combiné dans le
cours des siècles en partie avec les Berbers, en partie
avec les Nigritiens proprement dits (2). Personne n'a
affirmé avec plus de résolution que le professeur
berlinois l'origine africaine des Peulhs. Il l'établit sur
l'examen du type physique, des mœurs, des traditions ; il espère montrer par des études ultérieures
les rapports intimes qui existent entre la langue
des Peulhs et certains idiomes purement africains.

Venus de l'extérieur ou originaires de l'Afrique
même, les Peulhs ont évidemment effectué sur la
surface de ce continent des déplacements considérables. Il n'est peut-être pas impossible de reconstituer dans ses lignes générales leur odyssée. Barth est
disposé à admettre qu'ils ont occupé toute l'Afrique
septentrionale antérieurement à l'époque de l'expansion du peuple berber dans la même région (3). Cette

(1) *Die Nigritier*, p. 473.
(2) *Ibidem*, p, 476.
(3) *Vokabularien*, 2ᵉ partie, p. CLXIV à CLXVIII.

opinion a trouvé du crédit : M. Bérenger Féraud
est d'avis « qu'il n'est pas impossible que toute la
zone de l'Afrique, qui s'étend de l'Est à l'Ouest,
depuis la mer Rouge jusqu'à l'Océan et du 28me degré
de latitude nord au 15me, fût habitée jadis par une
race humaine ayant les caractères propres aux
Peulhs ou Fellahs » (1). M. Bérenger Féraud ne
craint pas d'étendre ses conjectures : il suppose que
les races noires, suffisamment à l'aise dans les plan-
tureux pays qui sont au sud du Sénégal et du
Niger, n'avaient pas dépassé en latitude le Fouta-
Djalon et que le désert fut leur limite au Nord (2).
Entre les nègres et les peuplades blanches de
l'Afrique septentrionale, sollicitées à rester dans les
régions du Tell et du Sahara algérien, s'étendaient
d'immenses espaces de terre incultes et inhabités.
Les Peulhs devaient habiter alors les versants méridionaux des montagnes de l'Algérie et de la Tunisie :
l'Aurès et l'Atlas. « Ils étaient pasteurs et idolâtres,
vivant jusque-là en assez bonne harmonie avec leurs
voisins, Carthaginois, Romains, dont l'esprit de
conquête, tout actif qu'il était, pouvait être combattu
efficacement par eux, parce que, ne reposant pas sur
une idée religieuse, il n'était pas poussé à l'excès.
Lorsque l'Islamisme apparut, imposant le Coran

(1) Bérenger Féraud, *Revue d'anthropologie*, 4e année, I.

(2) Cette opinion est très contestable. M. Waitz étend jusque sur
les pentes méridionales de l'Atlas le domaine primitif de la race
nègre, et tout semble lui donner raison.

avec le sabre, détruisant tout ce qui lui résistait, les Peulhs, vaincus dans les premières rencontres, mirent du pays entre leurs agresseurs et eux ; chose d'autant plus facile qu'ils étaient pasteurs nomades, et par conséquent très mobiles. Ils commencèrent leur migration vers le Sud... Sachant par le récit des voyageurs, par la tradition qu'il y avait dans le Sud un pays assez analogue à leur contrée natale sous le rapport de l'altitude, de la végétation, ils traversèrent résolument, et peut-être en très peu de temps, la bande de 200 à 300 lieues de pays plat qui sépare le Fouta-Djalon de l'Aurès et de l'Atlas, et ils tombèrent inopinément au milieu des peuplades noires qui s'étaient établies dans le pays où le Sénégal et le Niger prennent leur source. D'envahis qu'ils étaient, les Peulhs étaient devenus envahisseurs ; de vaincus, ils devenaient conquérants » (1).

C'est véritablement une histoire des Peulhs que M. Bérenger Féraud a écrite ainsi en quelques lignes. On ne saurait malheureusement en retenir qu'une partie : il est très vraisemblable, dirons-nous avec lui, que les Peulhs occupèrent jadis le nord de l'Afrique des Syrtes à l'océan et aux oasis. Nous laisserons, et pour cause, la date indécise. Quant aux raisons qui déterminèrent leur migration vers le Sud et à l'époque de cette migration, elles n'ont rien à voir avec celles que donne M. Bérenger Féraud. On verra tout à l'heure que plusieurs siècles avant notre

(1) Bérenger Féraud, *Revue d'anthropologie*, 4ᵉ année, I.

ère les Peulhs (1) étaient déjà établis sur le littoral
de l'océan aux environs du Sénégal, et qu'en aucun
cas ils ne sauraient être compris parmi les peuples
qui ont porté le poids de la politique romaine. Là
commence le roman ; là aussi nous nous séparons de
M. Bérenger Féraud.

Barth voit dans les Peulhs les *Pyrrhi Æthiopes*
de Ptolémée (2) « ainsi appelés, comme on n'en
peut douter, à cause de leur teint jaune rouge
cuivré » (3). Sur sa carte du nord de l'Afrique
d'après Ptolémée, M. Knœtel place ce peuple entre
le 33° et le 34° de latitude nord, et de 0° à 3°
de longitude est, sur les pentes méridionales de
l'Atlas.

M. Knœtel veut voir dans les Peulhs les *Leuco-
Æthiopes* de Ptolémée. Dans la carte du nord-
ouest de l'Afrique, d'après Ptolémée, qui accompagne
son mémoire, il place les Leuco-Ethiopiens sur le
littoral de l'océan atlantique, du 21° au 24° de latitude nord. Le cap Blanc (Hesperium cornu) marque
leur limite au Sud. Le Rio do Ouro et l'île de Cerné

(1) Tout au moins un peuple assez semblable à eux pour que
l'identification soit possible et tenue pour certaine par des savants
autorisés

(2) Barth, IV, 150, note.

(3) Knœtel, *op. cit.*, p. 41. — C'est aussi aux *Pyrrhi Æthiopes*
que Schweinfurth rattache les Mombuttu. Il trouve d'étroits rapports entre les Mombuttu et les Peulhs. Il admet l'origine orientale
de ces derniers (*Im Herzen von Afrika*, 1878, II, 289.) —
M. Knœtel veut voir aussi dans la prétendue division des Peulhs en
castes une preuve de leurs relations avec l'Orient.

sont tout à fait au milieu de leurs établissements.
Au sud des Leuco-Ethiopiens s'étendent les *Afrike-rones,* du bassin moyen du Sénégal *(Massitholus flurius)* au bassin moyen du Niger. L'établissement des Carthaginois dans l'île de Cerné (1) n'avait d'autre but que de nouer des relations commerciales avec les peuples de l'intérieur. Ce sont les Leuco-Ethiopiens qui occupaient la côte en face de Cerné. Selon toute vraisemblance, les Carthaginois étaient entrés en rapport avec les Leuco-Ethiopiens par l'intermédiaire des Lixites qu'ils avaient amenés avec eux. L'île qui avait, suivant Ptolémée, environ mille pas d'étendue servait de lieu de refuge et de magasins (2). L'importance de Cerné comme station commerciale remonte au VIe siècle avant notre ère ; elle paraît avoir duré trois siècles ou moins ; Eratosthène parle encore de Cerné. Elle déchoit ensuite, car Strabon met en doute jusqu'à son existence (3).

Les Leuco-Ethiopiens étaient, comme leur nom

(1) Dans le golfe, à l'embouchure du Rio do Ouro.

(2) C'est là qu'il faut placer le théâtre de ce commerce singulier, le commerce muet, dont parle Hérodote, IV, 196. — Il faut remarquer que le gênois Cadamosto, un des premiers explorateurs du Sénégal, trouva le même mode de commerce employé par les habitants du royaume de Melli, à trente journées de cheval de Timbouktou. — Cette pratique, qui eut sa source dans une défiance réciproque et dans l'impossibilité de se comprendre, n'est pas spéciale à l'Afrique : on la retrouve dans l'île de Sumatra, aux environs de Palembang, où elle est employée par les tribus Battas. (*Revue d'anthropologie,* 2° série, I, 520.)

(3) Knœtel, *op. cit.,* p. 27.

l'indique suffisamment, un peuple au teint clair : ils occupaient les régions que nous savons avoir été habitées primitivement par les Peulhs. Quand M. Knœtel affirme l'identité des deux races, à défaut de certitude il réunit du moins en faveur de sa doctrine la plus grande somme de vraisemblance.

Le général Faidherbe admet la présence des Peulhs dans cette région à l'époque du périple d'Hannon. « C'est, dit-il, de ces mots *gorko, gour, kor* (1), que vient évidemment le mot *gorilles,* du périple d'Hannon. Hannon trouva les gorilles beaucoup plus au Sud que le Sénégal, dans une contrée où l'on ne parle ni poul, ni wolof, ni sérère ; mais il avait pris à l'embouchure du Lixus *(Oued Noun* ou *Oued Sous)* des interprètes pour continuer son voyage vers le Sud ; auprès des Lixites se trouvaient des Ethiopiens, et c'est évidemment parmi ces Ethiopiens qu'Hannon avait pris des interprètes pour explorer les côtes éthiopiennes ; ces interprètes devaient être des Pouls ou des Wolofs » (2).

(1) Ces mots signifient « homme » en peulh, en wolof et en sérère.

(2) Faidherbe, *Grammaire et vocabulaire....,* p. 49. — A propos des rapports du peulh, du sérère et du wolof. le même auteur ajoute (*ibid.,* p. 80) : « Y a-t-il origine commune entre ces trois langues ? Admettre cette hypothèse, cela conduit à regarder la race poul comme une race africaine, voisine des Ouolofs-Sérères, race intermédiaire entre ces noirs et les Berbères. Cela conduit à l'idée des Leuco-Æthiopes de Ptolémée au sud du Séguiet-el-Hamra. Et ce seraient ceux qui auraient été les premiers refoulés vers le sud par les Berbères et les Arabes. • Entre cette hypothèse et celle qui ferait venir les Peulhs de l'Orient, le général Faidherbe croit plus sage de ne pas se prononcer.

La thèse de Barth et celle de M. Knœtel ne se contrarient pas d'une façon absolue. Barth établit, en effet, qu'avant qu'ils ne se fussent étendus par la conquête, les Peulhs se trouvaient à l'ouest de leurs positions actuelles. C'est de l'Ouest, c'est-à-dire du Sénégal inférieur, qu'ils ont gagné de proche en proche des régions plus orientales. Dans ce cas il n'est pas loin d'admettre, avec M. Knœtel, l'identité de position des Leuco-Ethiopiens et des Peulhs (1).

A l'époque de Ptolémée, les Leuco-Ethiopiens s'étendaient dans toute la région d'El Hodh. A peine un siècle et demi après, nous trouvons un témoignage presque certain de la présence des Peulhs dans cette même région. Vers l'an 300, trois siècles environ avant l'Hégire, Wakaya-Mangha fonda le royaume de Ghanata (ou Ghana), dont le centre occupait la province actuelle de Baghena. Ce royaume fut fondé au moment où le christianisme faisait de grands progrès sur toutes les côtes de la Méditerranée, surtout en Mauritanie, et y provoquait de grandes révolutions. Il avait pour capitale Walata, ou Birou, qui était, avant le développement de Timbouktou, le nœud des voies commerciales dans cette partie du domaine de la race noire. Si l'on peut en juger d'après le nom de son fondateur,

---

(1) Dans sa *Table chronologique de l'histoire du Sonrhay* (IV, 600) Barth paraît faire une concession; il écrit: « La famille prépondérante du royaume de Ghanata était une famille de blancs : Leuco-Ethiopiens ? Foulbe ? »

ce royaume semble avoir été fondé par les Peulhs :
dans la langue peulhe, en effet, le mot *mangho* veut
dire grand (1). Il compta vingt-deux rois jusqu'à
l'Hégire.

En combinant ces indications diverses, il est permis, nous semble-t-il, d'affirmer que dès le sixième
siècle avant notre ère les Peulhs étaient disséminés
dans la région intermédiaire entre le groupe monta-
gneux de l'Afrique du Nord et le Soudan, du côté
de l'océan, dans les oasis au sud du Maroc et dans
le Tuat. Au troisième siècle de notre ère, ils font un
pas dans la direction du Niger ; ou bien, en suppo-
sant que leur apparition dans ces contrées remonte
plus haut encore, ils y affermissent leur situation par
la fondation d'un royaume qui fut longtemps floris-
sant.

Pour fermer cette revue des théories relatives à
l'origine des Peulhs, rappelons que certains auteurs
ont voulu les faire venir de l'Afrique australe. Cette
opinion n'a eu qu'un succès d'un jour ; elle est tout
à fait condamnée aujourd'hui. Elle reposait sur l'analogie que présentent quelques noms de nombre en
fulfulde avec les mots correspondants de certaines
langues sud-africaines. Richard Lander avait été

---

(1) Barth, IV, 600, a relevé d'étroits rapports entre la
langue peulhe et le *kadʒaga*, c'est-à-dire la langue de l'ancien
royaume de Ghanata. Les Peulhs ont pris au kadzaga les mots
qui signifient riz, coton, vache, éléphant. (*Vokabularien*, 2ᵉ partie,
p. CLXIV à CLXVIII.)

frappé de ces rapports. Barth les reconnaît ; mais il se refuse à attribuer à ce fait aucune valeur pour la détermination de la route suivie par les Peulhs dans les temps historiques. Il reporte ces relations des Peulhs avec les peuples de l'Afrique australe à une antiquité prodigieusement reculée, antérieure à la domination des Pharaons, à la première migration des Berbers eux-mêmes (1). Dans sa pensée donc, les Peulhs auraient précédé en Afrique le grand courant Berber ; et, l'un après l'autre, ces deux groupes de peuple, entre lesquels les rapports sont si étroits que la confusion a paru quelquefois possible, ont suivi une marche à peu près semblable, les premiers étendant leur marche vers l'ouest et le sud-ouest, parce que les seconds les refoulaient (2).

(1) Barth, IV, 150, note. — *Idem. Vokabularien*, 2ᵉ partie, p. CLXIV à CLXVIII.

(2) C'est à cette théorie que se rattache, à son insu peut-être, M. Bayol quand il écrit : « Les Poules, comme les Fans de l'Ogowé et du Gabon, ont déserté les régions centrales du continent africain.... » *Revue des Deux-Mondes*, 15 décembre 1882, p. 908.

TABLE

—➤◦⫐ ◦◦◄—

•

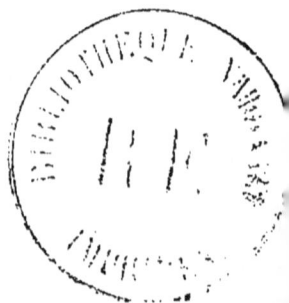